개정판

Aviation Terminology

항공전문객실용어

진 성 현

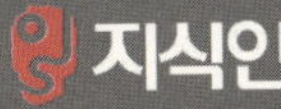

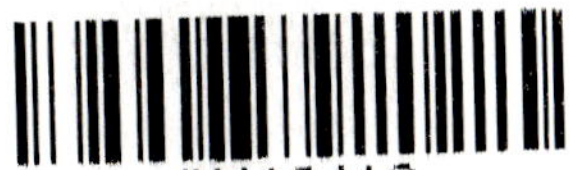

Profile

진성현

현) 가톨릭관동대학 항공운항서비스학과 교수
현) 항공보안포럼 전문위원
대한항공 객실안전팀장
대한항공 객실국제그룹장 및 총괄운영그룹장
대한항공 객실수석사무장
대통령특별기 전담승무원
대한항공 객실사무장 진급시험 출제위원
대한항공 신입승무원 면접위원
대한항공 객실승무원 이미지메이킹 리더
IOSA(IATA 안전점검) 객실부문 수검 책임팀장
대한항공 사보(창공) 편집위원
대한항공 객실승무원 뉴스레터(L-ONE NEWS) 편집장
문화일보 칼럼니스트(칼럼명 : 진성현의 공항이야기)

[저서]
비행스케치(광창출판사, 2015)
항공객실학개론(지식인, 2016)
항공객실안전학(새로미, 2017)

항공전문객실용어

2016년 3월 10일 초 판 1쇄 발행
2019년 2월 25일 개정판 1쇄 발행

지은이 | 진성현
펴낸이 | 김종욱
펴낸곳 | 지식인
등 록 | 제301-2013-134호
주 소 | 서울시 도봉구 도봉로 180길 20 투웨니퍼스트 102동 602호
전 화 | 02)2266-8606 (대)
팩 스 | 02)2266-8607
E-mail | jisikin2013@naver.com
홈페이지 | www.jisikinbook.co.kr

ISBN 978-89-98591-42-7 (93320)

값 15,000원

항공전문객실용어

Aviation Terminology

PREFACE

"객실승무원이 되는 첫 걸음,
항공사에서 사용되는 그들만의 언어를 익혀라."

항공사 객실승무원은 승객의 안전과 편안함을 보장해주는 역할과 책임을 가지고 있는 사람들이다. 흔히들 객실승무원을 항공사가 제공하는 서비스의 모든 것을 종합한 최종 서비스라인에 있다고 한다. 고객이 항공사를 이용하는 첫 단계인 예약에서부터 공항 체크인을 거쳐 항공기에 탑승하는 마지막에 객실승무원이 있다. 그리고 고객을 목적지까지 때로는 10시간이 넘는 긴 비행시간 동안 고객을 마주하며 그들의 모든 요구를 불평이 나오지 않게 들어줘야 한다. 이것이 항공사가 객실승무원에게 '항공사의 꽃'이라는 애칭을 넘어 과도하리만큼 많은 일을 해주기를 바라고 있는 이유이기도 하다.

국내 대형 항공사에서 시행하는 신입승무원 대상의 평가항목을 들여다보면, 여러 평가항목 중에 Job Skill & Implementation(직무숙련도 및 이행)이 있다. 이 항목에 대한 측정기준은 "업무수행에 필요한 충분한 지식이 있으며 유관 분야의 지식을 습득하려고 노력한다."라고 명시되어 있다. 평가자인 사무장은 같은 비행기에서 근무하는 신입승무원을 이런 기준으로 관찰하고 평가하게 된다. 항공사는 신입승무원에게 조차 부단하게 항공전문 지식을 가져 줄 것을 평가를 통해 요구하고 있는 것이다. 진정한 객실승무원이 되는 길은 단순히 희망사항으로 그칠 일이 아니란 것을 보여주는 대목이다.

항공기가 스케줄 시간대로 정상적으로 안전하게 운항되기 위해서는 객실승무원은 기내에서 마주치는 여러 관련 부서의 직원들과 협업을 하여야 한다. 운항, 운송, 정비, 기내식, 종합통제, 화물 등 관련된 부서의 현장 직원들과 업무에 대해 상호 협조해야 할 일들이 많이 발생한다. 그럴 때마다 의사소통이 가능하고 이해하여 능률적으로 효과를 내도록 해야만 비로소 항공기는 승객을 태우고 안전운항과 만족스런 서비스를 보장할 수 있다.

실제로 국제항공운송협회IATA가 비행기를 타고 막 내린 6만 명의 승객을 대상으로 실시한 고객 대상 설문조사에서 "항공사의 고객만족 중에 가장 중요하게 기여하고 있는 것은 무엇인가?"라고 물었다. 그 결과 최고의 답변은 '객실승무원'이었다. 이 설문조사에서 어느 여행객은 고급스런 좌석이라 생각할 수 있고, 또 다른 여행객은 다양한 기내 오락설비가 열쇠라고 생각할 수도 있다. 그러나 고객을 행복하게 해주는 것이 오로지 좌석 또는 오락설비와 같은 부가기능 때문이라고 결론을 내리는 것은 잘못이라는 것이다. 항공사들이 고객만족을 위해서는 다른 무엇보다도 고객과 교감을 갖는 승무원에 더욱 집중할 필요가 있다는 것을 보여준 것이다.

고객은 기본적인 물질적 요구뿐만 아니라 보다 복잡한 심리적 요구까지 충족되는 것을 바라고 있다. 고객의 심리적 요구를 만족시켜줌으로써 비로서 이뤄지는 총체적인 고객만족에 기여하는 열쇠가 바로 '객실승무원'이라고 이 설문에서 결론을 내리고 있다.

항공사가 객실승무원에게 바라는 '직무숙련도 및 이행'의 평가수준과 고객이 바라는 서비스만족의 평가수준이 연계되어 있음을 알 수 있다. 즉 고객만족의 선결요건이 객실승무원의 풍부하고 정통한 항공지식에 있음을 나타내고 있다.

필자는 항공사에서 객실승무 직종에서 수십 년 동안 객실안전, 고객서비스, 승무원 평가, 승무원 특별강의 등 다양한 일을 해 온 경험과 경력을 가지고 객실승무원이 되려는 예비승무원들에게 무엇부터 알려주고 가르쳐야 하는지를 깊이 생각하였다.

처음 승무원이 되어 신입교육을 받았던 시절을 상기했다. 강사가 거침없이 쏟아내는 항공용어들은 정말 알아듣기가 쉽지 않았다. 강사는 용어의 뜻도 알려주지 않았다. 기내 현장에서 부딪히며 경험하면서 항공용어들을 하나 둘씩

익혀갔던 고단한 기억들이 떠올랐다. 당시에 이런 일도 있었다. 기내에서 승객이 입국 또는 환승 절차 등 운송 분야와 관련된 질문이 있을 때에는 승무원이 자동으로 응대하는 답변이 있었다. "항공기가 도착하면 지상직원에게 물어보세요." 이것이 객실승무원이 하는 최상의 답변이었고, 그것이 통용되던 시절이었다. 지금 생각해보면 어떻게 그렇게 말했는지 '응답하라 1988'의 한 장면 같기도 하다. 지금 똑같은 상황이라면, 운송지식을 갖춘 승무원이 승객의 질문에 만족스런 답변을 줄 것이고, 만약에 복잡한 상황으로 선뜻 정확한 답변을 주지 못할 경우에는, 사무장이 도착 전에 조종실의 통신수단을 이용하여 도착공항으로 미리 문의하여 승객이 원하는 답변을 해 줄 것이다.

이처럼 객실승무원이 되는 첫 걸음은 항공용어를 친숙하게 사용할 줄 알아야 하는 것이 중요하다는 것을 체험적으로 느꼈다. 이것이 항공사가 면접에서 직무에 관한 질문을 통해 자신들이 원하는 지식을 갖춘 사람을 객실승무원으로 채용하려는 이유이기도 하다.

이 책은 가장 기본이 되는 객실용어와 함께 기내에서 항시 업무적으로 긴밀하게 협조를 해야 하는 운송, 운항, 정비 등 관련 부서들의 용어들을 엄선하여 수록하였다. 다소 딱딱할 수 있는 항공용어에 대한 이해를 돕기 위해 사례를 곁들여 알기 쉽게 풀이하였으며, 하루가 다르게 변하는 항공사 실정에 맞춰 새로 등장한 최근의 항공용어들도 자세하게 소개하였다.

이 책은 항공사 승무원을 꿈꾸는 많은 학생들에게 실질적으로 객실승무원이란 직업의 세계로 한 발 더 가까이 갈 수 있는 성공의 사다리가 되어주기를 바라는 간절한 소망을 가지고 발간하게 되었다. 발간되기까지 많은 도움을 아끼지 않으신 대한항공과 아시아나항공에서 종사하는 지인들과 항공관련 학계에 계신 여러 교수님들께 진심으로 감사드린다.

가톨릭관동대학교 연구실에서
저자 씀

CONTENTS

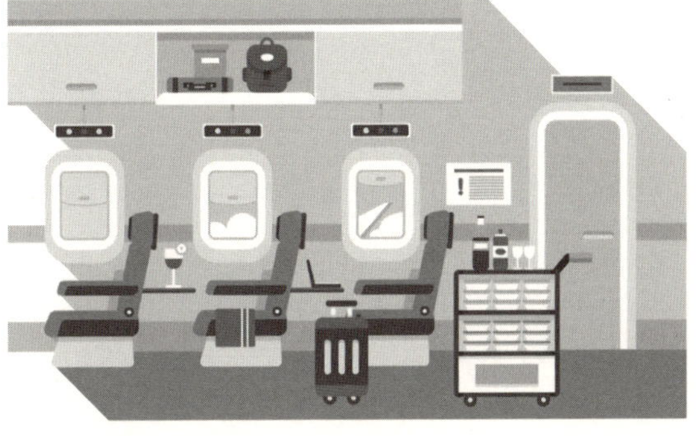

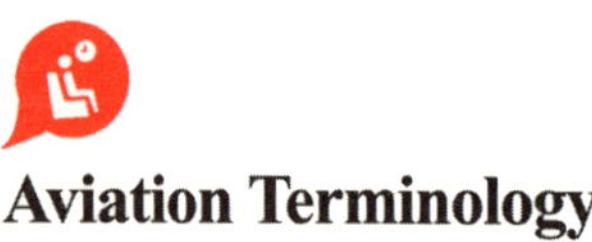

Aviation Terminology

CHAPTER 01

항공용어의 이해

객실승무원이 알아야 할 항공용어는 다양하다. 다양한 항공용어에 친숙해야 하는 것이 객실승무원의 기본이고 적응력을 높이는 길이다.

객실승무원은 기내안전과 서비스 나아가 운송, 운항, 정비, 기내식까지 폭넓게 항공용어를 접하며 고객을 응대한다. 항공용어에 대한 기본지식을 갖추는 일이야말로 객실승무원이 되기 위한 중요한 첫 단계가 될 것이다.

Aviation Terminology

1 항공전문용어란?

항공사는 수많은 직종이 한데 어우러져 정교하면서도 거대한 조직을 갖추고 있다. 여객기 한 대를 띄우기 위해서는 여러 분야의 필요한 전문 인력이 수십 명에 달한다. 현장전문 인력으로는 조종사, 객실승무원, 정비사, 운송직원, 기내식 직원 등이 있다. 이들 인력들은 각자가 속한 부서에서 전문으로 활용되는 용어들을 사용하고 있다. 그 용어들의 범위는 일반인들이 접하기에는 너무 방대하다. 따라서 항공사에 종사하는 사람이라면 최소한의 '항공전문' 용어에 익숙하여야 한다.

항공사에서 쓰이는 용어들은 전 세계 항공분야에서 공통으로 사용되는 것이 특징이다. 항공 산업은 국제적 성격을 띠고 있어 전문용어가 영어로 되어 있다. 비행기 구조는 물론 기내에서 안전과 서비스 용도로 사용되는 모든 물품들도 영어로 되어 있어 친숙하기가 쉽지 않다. 항공분야에서만 사용되는 전문용어들은 그 범위가 매우 넓다. 항공사 승무원으로 근무하는 순간부터 전문용어가 쉴 새 없이 사용되고, 그 용어의 뜻을 알아듣지 못하면 의사소통에 문제가 야기될 수도 있다. 또한 용어마다 정의Definition가 복잡한 것도 있어 정확히 인지하지 못할 경우 곤란을 겪는 사례도 발생한다.

승객의 안전과 편안함을 책임지는 항공사 승무원은 항공전문용어 사용에 능통하여야 한다. 승무원 간의 신속하고 효과적인 의사소통에 정확히 대처하여야 하며, 회사에 보고서를 작성하는 경우에도 항공사에서 쓰이는 전문용어를 활용하여 보고서를 작성하여야 한다. 특히 항공전문용어 중 안전 분야에 관하여는 그 중요성이 매우 크다는 것을 염두에 둬야 한다. 안전 분야는 법적 전문용어까지 있어 그 용어의 정확한 뜻도 알아두어야 한다. 안전용어는 국제적 공용어의 성격까지 가지고 있어, 그 내용을 모른다면 항공사 승무원으로서 역할을 제대로 수행하기가 쉽지 않다. 모든 안전 관련 용어는 유엔 산하의 '국제민간항공기구ICAO'와 전 세계 260개 민간 항공사를 대표하는 '국제항공운송협회IATA'에서 제정한 용어들을 따르고 있다는 것이 특징이다. 그러므로 국제 항공분야의 용어에 친숙할수록 안전 규정을 빨리 이해하는 데에 커다란 도움이 된다. 안전용어는 세계 항공분야의 공용어라고 해도 과언이 아니다. 항공사 승무원이라면 안전용어를 전문가처럼 친숙하게 사용할 줄 알아야 하는 것이 첫 관문이 될 것이다.

항공사는 승무원을 관리하는데 있어 수많은 규정과 절차를 두고 있다. 승무원은 항공사라는 조직 내에서 원활하고 책임 있는 업무를 수행하기 위해서는 규정과 절차를 알아두어야 한다. 항공사의 규정과 절차 역시 일반사회 분야에서는 접해보지 못하는 용어들이 많이 있어 쉽게 받아들이지 못하는 경우가 종종 있다.

예를 들면, 승무원은 대기근무Stand by라는 규정이 있다. 대기근무는 두 가지 형태로 나누어지는데, '공항대기Airport Stand by'와 '자택대기Home Stand by'로 구분된다. 이 같은 용어에도 친숙해야 할 뿐만 아니라 그 규정의 내용까지도 잘 알고 있어야 한다. 왜냐하면, 비행스케줄표상에 나타난 대기근무를 잘못 이해하여 규정을 위반하는 승무원이 발생하기 때문이다. 이같이 용어에 대한 정확한 정의와 뜻을 알고 있지 못하다면, 개인의 문제는 물론 항공사 전체에 커다란 문제를 야기하는 일이 발생할 수도 있다. 항공사들이 자체적으로 항공사 내에서 사용되는 여러 전문용어에 대한 정의를 체계적으로 만들고 그 내용을 종사자들에게 교육을 하는 이유가 바로 여기에 있다.

또한 기내에서 임무수행에 있어 승무원이 전문용어를 알지 못하거나 그로 인해 업무수행에 차질을 빚는 일이 외부 또는 승객들에게 보여 질 때 승무원이라는 전문가로서의 신뢰도가 떨어져 승무원의 자격에 훼손을 입을 수도 있다. 따라서 항공사 승무원이 되는 첫 번째 관문은 항공용어에 대한 이해도를 높이는 것이다. 항공용어를 정확하게 알고 친숙하게 사용하여 항공전문가로서의 위치를 확고히 하는 자세를 갖출 때 비로소 항공사 승무원으로서의 자격을 갖췄다고 말할 수 있다.

다음은 국가 또는 국제적인 항공 기구에서 사용하는 항공용어 정의와 환경에 대해 알아보기로 한다.

2 항공용어의 정의 규정

항공용어는 매우 전문적이고 정의를 올바르게 규정하지 않으면 해석에 혼선을 빚어 규정과 절차 이행에 문제를 낳을 수 있다. 따라서 그러한 용어 사용의 혼선을 방지하기 위해 항공용어는 법령과 규정을 수립함에 있어 항상 용어에 대한 정의를 우선으로 하는 절차를 따르고 있다. 용어에 대한 정의는 그 자체

객실승무원에 대한 정의

구 분	객실승무원	관계 규정
항공안전법 (국토교통부)	'객실승무원(Cabin Crew)'이란, 항공기에 탑승하여 비상시 승객을 탈출시키는 등 안전업무를 수행하는 승무원을 말한다.	항공안전법 제2조(정의) 5항
IATA (국제항공운송협회)	객실승무원은 운항승무원과 다르며, 항공사 및 관련 당국으로부터 기내에서 승객의 안전업무를 수행하도록 임무를 받는다. 즉 객실승무원은 필요 시 안전을 확보할 수 있는 절차를 수행하고 비상시에는 승객을 질서 있게 탈출시키는 기능을 수행하는 자격을 갖고 있어야 한다. Crew members that are not Flight Crew members and are designated to perform safety duties in the passenger cabin in accordance with the requirements of the operator and the Authority; qualified to perform cabin functions in emergency situations and enact procedures to ensure a safe and orderly evacuation of passengers when necessary.	CABIN OPERATIONS SAFETY

가 법령이 되고 규정이 된다는 것이 특징이다. 용어에 대한 정의를 정확히 인식하고 인지하는 것이 관련 법령과 규정을 이해하는 첫 단계가 된다. 그러면 각 국제항공기구나 협회 또는 국가법에서 사용되고 있는 용어 정의에 대한 한 가지 사례를 들어보기로 하자.

상기한 예와 같이, 객실승무원의 정의를 놓고 국내 · 외 관련 기관과 단체들이 약간의 차이를 두고 있다. 그러나 그 밑바탕의 기본적인 정의는 크게 다르지 않음을 알 수 있다. 즉 객실승무원의 기본적 정의는 비상 시 안전을 수행하는 임무를 띠고 있다는 것이다.

이렇듯 항공용어는 정의를 규정하는 것만으로도 그 뜻을 알 수가 있다. 이것이 항공용어에 대한 정의가 반드시 규정되어야 하는 이유이기도 하다. 그럼에도 현실적으로는 객실승무원으로 종사하는 처음 단계에서 교육하고 훈련하는 과정에 항공용어에 대한 교육과 자료가 부족하다. 항공안전에 대해 승객에 대한 책임을 다하기 위한 객실승무원을 진정한 항공전문가로 육성하기 위해서는, 그 교육의 출발이 복잡하고 심지어 기술적으로 이해하기 어려운 항공용어들에 대한 교육에서 시작되어야 하며 때로는 반복 숙달되어야 한다.

3 항공용어의 특징

1) 항공용어의 약어화

항공사에서 쓰이는 전문적인 용어들은 영어 그 자체로 사용된다. 우리말로 달리 바꿔 부르지 않는다는 것이 독특하다. 이는 오래 전부터 항공기 및 그 부속물품들이 국내에서 만들어진 것이 아니고, 외국에서 생산되는 것을 그대로 사용되어왔기 때문이며, 또한 그러한 항공기 및 부속물품들을 운영하는 각종 매뉴얼 및 절차 역시 국제적으로 공통으로 사용하다보니 우리말 사용에 제한을 받을 수밖에 없는 환경 때문일 수도 있다. 항공분야라는 매우 전문적이고 국제적 성격을 지니고 있는 특수한 업무 환경이 이렇게 영어로 전문화된 용어 사용에 영향을 미쳤으리라 본다. 서구의 언어문화로 인한 영향 때문에 대부분의 용어가 완전한 단어가 아닌 약어화Abbreviation되어 사용되며 불려지고 있다는 것이 또 하나의 특징이다.

예를 들면, 기내에 '비상의료장비Emergency Medical Kit'가 있다. 이 장비를 부를 때 승무원을 포함하여 항공사 종사자들은 영어 단어를 약어화해서 'EMK'로 부른다. 우리만 그렇게 부르는 것이 아니다. 세계 어느 항공사 승무원도 그렇게 부른다. 국적이 다르고 언어가 달라도 모두가 'EMK'라 말한다.

이런 항공용어의 약어화가 나타내는 또 다른 특징으로 항공용어는 세계화된 공용어임을 보여주고 있는 것이다. 이렇게 약어화된 항공용어의 범위는 매우 넓다. 객실승무원이 사용하는 안전과 서비스분야뿐만 아니라 항공기 운항, 정비, 운송, 기내식, 예약, 그리고 화물에 이르기까지 사용되는 용어의 약어화는 너무나 많다. 항공 산업에서 사용되는 전문용어를 많이 알수록 승무원으로서의 업무능력이 뛰어나게 되며, 그로 인한 업무수행 신뢰도가 높아지는 것은 자명한 일일 것이다.

다음은 기내안전 장비에 대한 영어 약어를 인식하지 못하여 엉뚱한 사고를 초래한 승무원의 이야기를 소개한다.

"화재로 착각"

장거리비행 근무를 할 때에는 승무원은 중간에 한두 시간의 휴식을 취한다. 어느 미국행 비행기에서 식사를 마친 승객들이 휴식을 취할 때였다. 기내는 어둡고 정적만이 흘렀다. 이때 갑자기 기내에 화재를 알리는 경고음이 기내 전체에 울려 퍼졌다. 조용하던 기내가 일순 술렁댔다. 영문을 모르는 승객들은 불안해하며 승무원들이 분주하게 앞 · 뒤로 움직이는 것을 보고 있었다. 경고음의 진원지는 승무원들이 휴식을 취하는 일명 벙커로 불리는 휴게실 Crew Rest Area이었다. 이날 기종은 A330-200 중형 항공기로, 승무원들의 휴게실인 벙커는 기내 중간 날개부분에 기내바닥 아래 공간에 위치해 있다. 승무원 일부가 재빨리 소화기를 들고 벙커로 달려왔고, 벙커문을 열고 안을 들여다보니 내부는 자욱한 연기로 가득 찼다. 화재가 발생한 곳을 찾아보았으나 연기만 자욱할 뿐 어디에도 불꽃이나 타는 냄새가 나지 않았다. 승무원들이 면밀하게 벙커 안을 조사했으나 다행히 불이 난 곳은 없으며, 시간이 지나자 연기도 사라지고 모든 것이 정상인 것처럼 보였다. 불이 난 것이 아니라는 최종 판단을 한 기장은, 회항조치 없이 목적지를 향해 계속 비행하였다.

비행기가 서울로 돌아온 후 승무원들을 대상으로 화재 오인사고에 대해 조사가 이루어졌다. 결국 사고원인이 밝혀졌다. 사고를 낸 장본인은 비행기 뒤에서 일했던 1년여 정도 비행 경력을 가진 신입승무원이었다. 사연인즉, 당시 승무원들이 휴식을 취할 시점으로 휴식을 취하기 위해 벙커로 갔던 신입승무원은 정작 벙커로 들어가는 문을 여는 방법을 몰랐던 것이다(벙커의 문은 바닥에 위치해 있어 문 손잡이를 살짝 든 상태에서 시계방향으로 돌리면 문이 열린다). 당황한 신입승무원은 어디 문을 여는 장치가 있나 싶은 생각에 정면 벽면을 보았다. 그녀의 눈에 들어온 것은 자그마한 스위치였다. 스위치에는 'FES'라는 영문 약어가 쓰여 있었다. 그녀는 그 스위치를 들

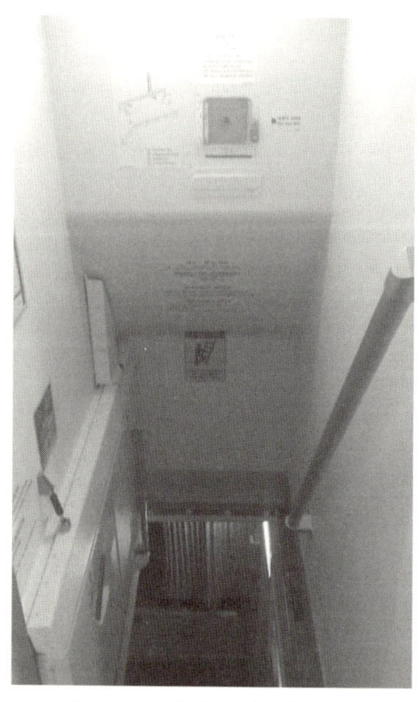

A330-200 객실승무원 휴게 공간

어서 올리면 문이 열리지 않을까 생각하고 스위치를 들어올렸다. 그 순간 벙커 내부에서 '펑' 하는 큰소리가 났고, 뒤이어 기내 전체에 화재경고음이 울렸다. 갑작스런 돌발 상황에 겁에 질린 그녀는 벙커를 나와 비행기 뒤로 도망치듯 갔다. 이 모든 사고의 발단은 'FES'라는 용어를 몰랐던 그녀의 엉뚱한 행동에서 비롯된 것이었다.

'FES'는 Fire Extinguish Switch의 약어로 '자동소화기 스위치'를 지칭하는 용어이다. FES는 벙커에 화재가 발생하여 사람이 직접 진화가 어려울 시, 자동으로 내부에서 소화기가 터지는 장치이다. 그리고 소화기가 터지면 화재경보시스템이 작동되어 기내에 경고음이 울리게 되어 있다. 이 영어 약어를 몰라 일어난 사고를 계기로, 항공사는 FES 약어 밑에 '자동소화기 스위치'라는 우리말을 부착하여 이런 일이 다시는 발생되지 않도록 조치하였다.

항공용어의 약어화는 특히 안전 분야에 커다란 영향을 미치고 있음을 알 수 있다. 항공용어의 약어화는 항공 업무의 특성이다. 항공기 운항에는 수많은 사람들의 협업과 조력이 필요하다. 항공사직원 상호간에 사용되는 항공용어를 이해하지 못하고 올바르게 수행되지 못했을 때 안전은 취약해질 수밖에 없는 구조적인 언어의 특성을 지니고 있는 것이 항공사의 조직문화이다. 약어화 된 안전 분야의 용어들을 정확하게 이해하고 대처하는 것이 객실승무원이 갖춰야 할 중대한 전문 영역임을 인식해야 한다.

항공용어의 약어화는 안전 분야뿐만 아니라 항공사 전반에 사용되고 있다. 항공운송 분야는 한마디로 모든 용어가 약어화되어 있다고 해도 과언이 아니다. 승객을 지상에서 모시고 서비스를 제공하는 운송 분야는 특별한 승객들을 호칭할 때도 약어화하여 사용하고 있다. 이러한 약어화 된 용어는 한 항공사만의 것이 아니라 범세계적인 용어이기도 하다. 운송 분야의 용어는 '국제항공운송협회IATA'에서 권고하는 용어들을 그대로 수용하기 때문에 항공운송 분야의 용어는 국제 공용어라고 해도 틀린 말이 아니다. 운송에서 사용되는 약어화 된

용어를 객실승무원이 인지하지 못한다면 승객에 대한 일관된 서비스를 제공할 수가 없다.

예를 들면, 운송직원이 승객의 물건을 가지고와 객실승무원에게 "이 물건은 SRI입니다."라고 했을 때, SRI의 의미를 알지 못하는 객실승무원은 제대로 운송직원과 업무협조를 할 수 없게 된다. SRI는 Special Restricted Item의 약어이다. 우리말로 기내 제한품목이라 부른다. 즉 승객이 직접 휴대해서는 안 되는 위험한 물건으로, 비행 중에는 객실승무원이 보관해야 하는 특별한 물건이라는 뜻이다.

이밖에도 운송은 물론 객실승무원과 전 항공사 내 직원들이 자연스럽게 사용되는 약어에는 항공기가 비행하여 도착하는 목적지 도시를 표기할 때이다. 쉬운 예로, 뉴욕은 JFK로, 런던은 LHR로, 방콕은 BKK로 한다. 이 역시 IATA에서 권고하는 세계 도시의 영어식 약어를 따르고 있다.

이렇듯 항공사에서는 용어의 약어화가 일반화되어 있고 일상대화에 자주 사용되고 있어 용어 약어의 중요성이 얼마나 크게 작용하는지를 보여주고 있으며, 특히 항공사에 종사하는 객실승무원이라면 항공용어가 반드시 알아야 할 전문적 분야임을 인식해야 한다.

2) 항공용어의 범용화

항공기 한 대를 띄우기 위해서는 항공사 내에 여러 분야 부서들의 협업에 의해서 이루어진다. 항공기를 조종하는 운항부서, 항공기를 정비하는 정비부서, 항공기 승객의 안전과 서비스를 책임지는 객실승무부서, 승객을 유치하는 영업부서, 기내식음료를 제공하는 기내식사업부서, 승객의 짐을 담당하는 화물부서, 승객이 항공기에 탑승하기까지 지상에서 서비스를 제공하는 운송부서, 항공기와 승무원의 스케줄을 수립하는 종합통제부서 등 여러 부서 간의 업무협조에는 항공전문용어가 다양하게 사용되고 있다.

부서 간에 사용되는 항공용어를 알지 못할 경우에는 업무협조가 정확하게 이루어지지 않아 항공기 운항 및 승객응대에 차질을 빚을 수도 있다. 따라서 항공사에 종사하는 사람이라면 누구나 항공용어에 대한 전문성을 가지고 있어야 한다. 항공사의 여러 부서들은 유기적이고 체계적인 구조 속에 다양한 항공용어를 폭넓게 사용하고 있다. 객실승무원은 항공사 전반에 걸쳐 사용되는 부서 간 항공용어에 대한 전문적인 지식을 가지고 있어야 승객에 대한 정보 및 항공기운항 정보를 숙지하여 원만하고 만족한 승객서비스를 이루어낼 수 있다.

과거에는 이러한 부서 간 업무협조가 체계적으로 이루어지지 않아 객실승무원은 승객에 대한 그리고 운항에 대한 정보가 취약하여 승객 안전과 서비스에 전문성을 갖지 못하던 시절이 있었다. 그 이면에는 각 부서들만이 사용되는 전문적인 항공용어를 다른 부서도 공유하는 조직문화도 없었고, 교육 · 훈련시스템도 갖추지 못했다. 예를 들면, 객실승무원이 서비스의 목적상 승객 예약률과 승객 국적 분포를 알고 싶어도 그러한 정보를 제공하는 시스템이 갖춰지지 않아 승객 정보를 알 수가 없었다. 객실승무원이 예약 업무까지 굳이 알아야 할 필요성을 갖지 못했고 인식조차 없었던 것이다.

그러나 인터넷의 발달이 항공사의 조직문화를 변화시켰다. 승객에 대한 정보를 몰라도 서비스를 하는데 큰 문제가 없었던 시대에서, 이제는 승객의 정보가 서비스만족도에 큰 영향을 미치는 시대로 발전되어 온 것이다.

3) 항공용어의 일반화

비행기 근무에 앞서 승무원들은 객실브리핑을 받는다. 사무장은 브리핑 중에 승무원들에게 안전용어에 대해 질문을 한다. 왜냐하면, 승무원들 대부분 특히 신입승무원일수록 승무원의 역할은 서비스를 잘하는 것에 국한되어 생각하는 경향이 많다. 이런 편향된 사고와 승무원 본연의 역할과 임무를 제대로 이해하지 못하거나 배우지 못한 현 상황을, 현장의 사무장이라는 위치에서 개선해 보려는 뜻에서 자주 안전용어에 대해 질문을 한다.

예를 들면, 기내에 구비된 여러 안전장비 중에 'ELSEmergency Light Switch'를 물으면 간혹 이를 알지 못하고 있는 승무원이 몇몇 있다. 이는 항공사 훈련의 문제이기도 하지만, '승무원은 서비스만 잘하면 되는 사람'이라는 사회적 인식이 만연한데서 비롯된다고 생각한다.

우리와는 다르게 외국 항공사들의 객실브리핑은 서비스보다 안전에 치중하고 있다. 안전을 모르는 승무원은 전 세계 어느 항공사에서도 볼 수 없다. 이것이 객실브리핑 때 안전을 질문하지 않을 수 없는 이유이다. 어느 외국의 항공사는 사무장이 질문한 안전사항에 대해 대답을 못하는 승무원은 비행 근무에서 빼버리기도 한다. 이만큼 안전은 승무원과 항공사 그리고 나아가 국가에까지도 매우 중대한 분야이다.

인터넷의 발달은 항공지식과 용어가 일반화되는 현상을 가져다주었다. 매시간 인터넷에는 세계 항공사에서 발생하는 여러 가지 소식들이 올라온다. 항공사의 고객서비스 정책의 변경이라든지 항공사 간 제휴 협력, 항공기 기종의 구매, 특히 항공기 사건 · 사고 등 각종 항공소식이 범람하면서 이제는 일반인들도 항공소식을 통해 항공용어에 친숙해져가는 경향이 있다. 항공고객은 자신이 예약한 항공기의 종류와 특징들을 인터넷 검색만으로도 쉽게 알 수가 있고, 어떤 서비스가 제공되는지도 미리 확인할 수 있다. 그만큼 항공사의 전문영역들이 점차 일반에게 상식처럼 알려지고 있는 추세에 있다.

이러한 사회적 현상을 볼 때 기내에서 항공기에 대한 기본지식을 갖춘 고객을 상대해야 하는 객실승무원은 자신의 업무에 대해 더 심층적인 전문지식과 풍부한 경험을 갖추고 있어야 한다. 일례로, 어느 비행기에서 비상구 좌석에 승무원이 학생 승객을 재배치하여 앉도록 하였다. 잠시 뒤 비상구 좌석 주변의 승객이 승무원에게 학생 승객이 너무 어려 보이는데 그래도 괜찮은지를 묻는 것이었다. 승무원이 미처 학생 승객의 나이까지는 알아내지 못했던 것이다. 나중에 나이를 알아보니 15세가 안되었던 것이다. 곧바로 승무원은 비상구 좌석에는 15세 미만의 승객은 앉을 수 없다는 안전 규정에 의거하여, 학생 승객을 다른 좌석으로 안내해야만 했다.

이처럼 승객이 비상구 좌석의 정의와 규정을 알고 승무원에게 문제를 제기하는 사례도 있었던 것이다. 객실승무원을 포함한 항공사에 종사하는 사람들이 자신의 업무에 전문적이지 않고서는 대외적으로 고객의 안전을 보장하지 못하는 인식을 줄 수 있다는 것에 심각성을 가져야 한다. 국내 「항공법」과 국제항공기구 그리고 항공사에서 규정하고 사용하는 항공용어에 대한 관심과 사용에 더욱 전문적인 지식을 심어주는 교육훈련시스템의 정착이 중요하다.

항공사 및 항공관련 분야에 종사하기를 원하는 전공학생들은 다른 계층의 사람들보다 더욱 항공사에서 사용되는 항공전문용어에 친숙하기 위한 지식구축에 힘을 쏟아야 한다. 이것이 항공용어의 일반화가 가져다주는 지속적으로 변화하는 항공분야의 실상이라 할 수 있다.

항공용어는 IT기술과 접목하여 항공기가 첨단화되고 새로운 형태의 고객 편의시스템이 개발되고 있다. 이러한 신형 항공기 등장은 새로운 용어를 만들어내고 있다. 과거에 없었던 장비와 시스템으로 파생되는 항공용어에 대해서도 빠르게 친숙화하는 것이 새로운 비행 환경에 쉽게 적응하는 방법이다. 일례로, 승객이 신입승무원에게 "기내에서 카메라 충전을 할 수 있느냐?"라고 물어보았는데, 기내설비에 지식이 부족했던 승무원은 카메라의 전원공급을 하는 장치가 없다고 응대했다. 나중에 이 사실을 안 다른 선배승무원이 승객에게 대신 사과하고, 좌석에 있는 전원에 카메라를 접속하여 사용할 수 있도록 안내하였다. 이날 비행기에는 좌석마다 ISPSIn Seat Power Supply; 좌석전원공급장치가 장착되어 있었다.

이처럼 하루가 다르게 변화하고 진화하는 항공객실서비스에 적응력을 높이고 고객의 만족도를 높이는 방법 중의 가장 근본이 되는 것이 항공용어의 친숙화이다.

Aviation Terminology

CHAPTER 02

객실 전문용어

Safety & Comfort

객실승무원에게 주어진 임무는 크게 두 가지이다. 하나는 항공기와 승객에 대한 안전이고, 다른 하나는 고객에게 편안함을 제공하는 것이다.

Knowledge & Experience

객실승무원은 주어진 이 두 가지 임무를 충실히 만족스럽게 이뤄내기 위해서는 많은 항공 지식과 경험, 노력이 있어야 한다.

Team Work & Communication

객실승무원은 기내임무를 혼자서 할 수가 없다. 승무원 간에 배려와 희생이 있어야 하며 고객과 소통을 잘하여야 한다.

최고의 전문가다운 항공사 객실승무원이 되는 길 중에 제일 먼저 해야 할 것은, 항공사에서 쓰이는 언어를 배우는 것이다.

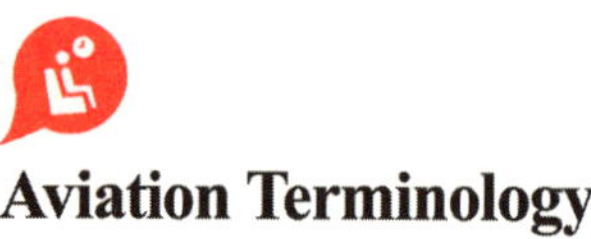
Aviation Terminology

1 객실승무원의 직무

 *F/A : FLIGHT ATTENDANT*(객실승무원)

F/A는 항공기에서 근무하는 객실승무원을 지칭하는 용어이다. 객실승무원은 일반적으로 여객기의 승객에게 편안하고 쾌적한 기내환경을 조성하여 승객에게 만족을 주는 서비스와 기내안전에 대해 책임을 가지고 있다.

객실승무원의 정의는 국내 「항공안전법」에서는 안전에 국한하여 다음과 같이 규정하고 있다. "객실승무원이란, 항공기에 탑승하여 비상시 승객을 탈출시키는 등 안전업무를 수행하는 승무원"을 말한다. 국제항공운송협회IATA는 "객실승무원은 필요 시 안전을 확보할 수 있는 절차를 수행하고, 비상시에는 승객을 질서 있게 탈출시키는 기능을 수행하는 자격을 갖고 있어야 한다."라고 규정하고 있다.

따라서 객실승무원의 신입교육은 안전훈련부터 시작된다. 비상시의 탈출방법, 구명복 착용법, 비상장비 취급방법, 기내화재 진압방법, 감압발생 시 대응법, 위험물, 테러방지법 등의 훈련을 3주 이상 받는다. 이 과정을 성공적으로 이수한 사람만이 객실승무원이 될 수 있다.

객실승무원의 유래는 남자승무원부터 시작된 것이 통설이다. 1921년 3월 독일의 하인리히 쿠비스Heinrich Kubis가 당시 비행선에 남승무원으로 탑승한 것이 최초의 객실승무원으로 기록되고 있다. 최초의 여승무원은 1930년 5월 지금의 유나이티드항공사 전신인 보잉항공운송사의 엘렌 처치Ellen Church이다. 간호사인 그녀는 처음에 조종사로 지원했으나 거절당하고, 대신 기내에서 일하는 승무원으로 채용되었다. 비행공포를 가진 승객들을 돌보는 일을 한 것이 오늘날 여승무원 탄생을 알리는 시작이 되었다.

객실승무원의 영어 표기는 F/A 외에 Cabin Crew, Cabin Attendant를 주로 사용하며, 스튜어디스, 스튜어드라는 과거의 호칭은 사회적 남녀평등 차원에서 사용을 자제하고 있는 추세이다.

DP : DUTY PURSER(객실사무장)

Duty Purser는 비행기에 탑승 근무하는 객실승무원들 중에 최고직위를 가진 승무원에게 부여되는 직책이다. 기내에서는 승무원이 DP를 호칭할 때는 사무장, 팀장 또는 매니저라고 한다. 국내항공사의 경우, 사무장Purser은 크게 네 가지 직위로 구분되는데, 낮은 단계부터 부사무장AP : Assistant Purser, 사무장PS : Purser, 선임사무장SP : Senior Purser, 수석사무장CP : Chief Purser으로 구분한다. DP는 이러한 사무장 직위를 가지고 있는 사람들 중에 임명하게 되는데, 비행에 대한 기내안전과 서비스에 대한 총체적인 책임을 갖게 된다.

DP의 첫 번째 중요한 일은 같이 비행 근무하는 승무원 각자에게 기내에서의 근무 위치와 담당할 업무를 지정해 주는 것이다. 일명 승무원들의 Duty를 배정해 준다고 한다. 퍼스트클래스에서 근무할 승무원과 비즈니스클래스, 그리고 이코노미클래스에서 근무하는 승무원을 지정해 주는 것이다. 다음으로는 객실 브리핑을 주관하는 것이다. 브리핑을 통해 각 승무원의 역할과 임무를 재확인하게 된다.

비행기에서는 DP는 기내안전과 보안상태를 점검하여 이상 유 · 무를 확인하며, 서비스 진행상태, 승객들의 만족도 등을 파악하는 등 승무원들을 관리, 감독, 평가하며 비행 전반에 걸친 다양한 업무에 최종 책임을 지니고 있다. 비행 종료 후에는 기내에서 발생한 여러 유형의 보고사항에 대해 보고서를 작성하는 일도 맡고 있다.

BRFG : BRIEFING(브리핑)

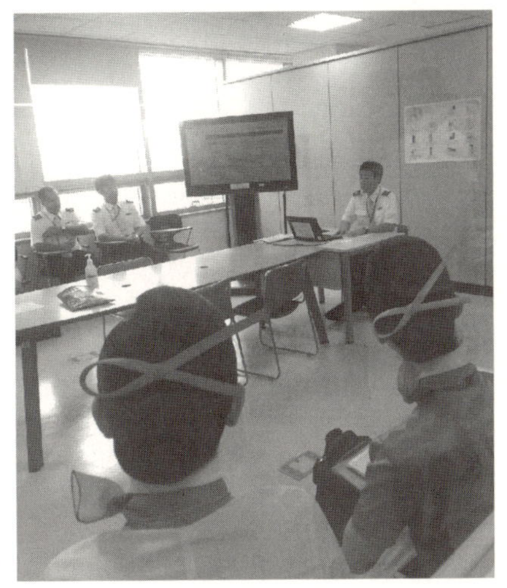

브리핑은 크게 '객실브리핑'과 '합동브리핑'으로 나누어진다. 객실브리핑은 비행근무에 앞서 객실사무장이 주관하여 비행기 안전과 서비스 전반에 대한 정보를 동료승무원들과 공유한다. 브리핑 시점과 장소는 항공사마다 다르며 국제선, 국내선을 구분하여 브리핑 시간을 정한다. 국제선의 경우는 보통 비행 출발시간 2시간 전에 실시한다.

객실브리핑에 반드시 포함하여 전달되는 정보사항은 ① 이륙 및 착륙 시 근무위치의 지정, ② 비상장비의 확인, ③ 특별주의가 요구되는 승객정보, ④ 비상시 각 개인별 행동절차 확인Self Review, ⑤ 관련 비상절차의 확인, ⑥ 승객 또는 승무원 안전에 영향을 줄 수 있는 사항 또는 보안사항 등이다(관련 규정 : 국토교통부운항기술기준 8.4.11.3).

브리핑은 15~20분간 진행되는데, 탑승 승무원 인원 확인 및 소개부터 시작된다. 이어서 용모체크를 실시하며 각 승무원의 기내에서의 근무 위치와 전담 업무를 확인한다. 안전매뉴얼, 여권 등 승무원의 필수 휴대품 소지여부를 확인한다. 회사의 특별 공지사항 전파와 서비스 절차 재확인, 특별 승객현황 및 승무원 간 협조해야 할 사항에 대해 정보를 공유하고 필요에 따라 사무장의 지침사항도 전달된다.

합동브리핑은 객실브리핑에 이어서 조종사와 객실승무원이 함께 하는 것을 말한다. 합동브리핑은 기장이 주관하여 실시한다. 합동브리핑은 항공기 운항 일정과 기상 및 안전과 보안사항을 위주로 진행한다.

> **Galley Briefing**
> 항공기 이륙 후 기내서비스 시작 전 및 항공기 도착 전 적정시점에 선임 객실승무원이 주관하여 승객 및 기내식 관련 정보를 공유하고 서비스이행 내용을 확인하는 업무 절차이다. 갤리브리핑 내용으로는 탑승객 정보, 제공식사 내용 및 종류, 서비스방법, 서비스 시 유의사항 등이 있다. 특히 승객탑승 과정에 인지한 세심한 서비스가 요구되는 특이승객에 대한 정보를 공유한다.

DUTY ASSIGN(임무배정)

비행근무 시 객실승무원은 항공기 내에서 담당할 구역과 담당 업무에 대한 임무Duty를 배정받는다. 사무장은 비행근무 개시 전에 함께 비행근무 할 객실승무원 모두에 대한 Duty를 부여하는데, 비행기 기종과 탑승객 현황, 객실승무원의 근무경력 및 서비스자격 등을 감안하여 일의 효율성을 높이기 위한 방향으로 적절하게 배정한다.

객실승무원은 배정받은 Duty에 대한 책임을 갖고, 담당구역의 승객 안전을

추가 Duty 현황

구 분	내 역
기내방송 Duty	• 최상위 방송자격을 소지한 승무원 • 안전과 기내 비정상 상황 관련방송을 제외한 일상적인 방송담당
기내판매 Duty	〈이코노미 담당 승무원 중 경력 승무원〉 • 기내판매품 인수인계, 기내판매대금 수령 및 반납 • 기내판매 재고 파악, 기내판매 일보 작성
기내보안 Duty	• 항공기 내 보안요원 자격 승무원 • 기내 Taser관리, 기내 Taser 출납대장 기록
Galley Duty	• Class별 최선임 승무원 • 동일 Class 승무원 리더로 담당구역서비스 진행 지휘
Meal Check Duty	〈이코노미 담당 승무원 중 중간경력 승무원〉 • 기내식 탑재현황 파악, SPML 탑재 및 승객 확인
승객 탑승인사 Duty	• 신입 및 최저경력 승무원 • 탑승구에서 승객 환영인사 및 탑승권 확인

보장하고 계획된 서비스를 절차대로 시행한다. 담당구역에서 발생되는 특이승객의 동향 및 승객의 요구에 대해서는 자신감을 가지고 적극적으로 대처한다.

객실승무원은 담당구역에 대한 일반적인 Duty 이외에 추가적인 특별한 Duty를 부여받는다. 기내방송 및 안전 등 특정한 승무원에게 주어지는 Duty가 있다. Duty 배정은 사무장 고유의 권한으로, 객실승무원은 특별한 사유가 없는 한 배정받은 Duty를 수행하나, 갑작스런 승무원의 교체 또는 기종변경 등 부득이한 사정이 발생하는 경우에는 사무장은 탄력적으로 Duty를 재조정한다.

STAND BY(대기근무)

Stand by는 비행근무가 없는 승무원에게 부여되는 근무형태의 하나로, 비행을 할 수도 있는 상황에 대비하여 거주하는 자택이나 공항에서 대기하고 있는 것을 말한다.

Stand by는 크게 두 가지 형태로 구분하는데, 현재 거주하는 집에서 대기하는 것을 Home Stand by(HS)라 하고, 공항 및 회사에 나와서 대기하는 경우는 대기시간을 구분하여 Stand by A(SA), Stand by B(SB), Stand by C(SC) 등 3교대로 편성된 일명 공항대기가 있다.

항공사마다 Stand by 근무표기가 조금씩 달라서 스케줄표상에 HS 또는 RF Ready Flight라 표기하기도 하고, 어느 날짜에 아무런 표기가 없이 지정하는 경우도 있다. 또한 지금처럼 공항이 인천과 김포로 나누어져 있어 공항대기 표기도 공항별로 다르게 표기하고 있다. 예를 들면, 대한항공은 아침대기인 경우 김포공항 대기는 종전에 쓰던 대로 SA로, 인천공항 대기는 IA로 구분하고 있다.

객실승무원은 스케줄표에 할당된 대로 비행근무에 임하고 있는데, 간혹 Stand by 근무표기를 잘못 인지하여 Stand by 해야 하는 날, 다른 곳에 있다가 회사로부터 갑작스런 비행호출에 응하지 못하여 불이익을 받는 사례가 종종 있다.

DEADHEADING CREW(편승승무원)

Deadheading Crew는 다음 지점에서 비행근무를 하기 위해 그곳으로 이동하는 목적으로, 승객처럼 비행기에 탑승하는 경우의 승무원을 말한다. 또 다른 경우는 어느 지점에서 비행근무를 다 마치고 본사로 복귀하기 위해 이동을 할 때도 적용된다. Deadheading Crew는 실제 일을 하지 않기 때문에 승객 좌석을 배정받아 앉는다. 기내에 탑승해서는 유니폼을 평상복으로 갈아입고 승객 좌석에 앉아 비행을 하게 된다.

Deadheading Crew는 비행 전에 브리핑을 하고 기내까지 유니폼을 착용한 상태로 이동하며, 공항 체크인 카운터에서 탑승권을 제공받는다. 비행기 탑승은 일반 승객들보다 일찍 하며, 기내에서는 다른 승객들에게 불편을 주는 행위를 하여서는 안 된다. 심지어 어느 외국항공사는 Deadheading Crew는 수면을 취하는 것을 금지하고 있다.

Deadheading은 주로 비행기가 자주 교체되는 국내선 스케줄에서 이루어진다. 예를 들면, 김포 - 부산 - 김포 - 제주 - 부산 - 김포인 스케줄은 첫 번째 비행구간인 김포 - 부산과 마지막 구간인 부산 - 김포는 Deadheading Crew로 지정하는 경우가 있다. 항공사마다 Deadheading 노선표기가 다르게 적용하고 있다. 예를 들면, 대한항공은 TVLTravel로 기타 항공사는 PAXPassenger로 표기하고 있다.

J/S : JUMP SEAT(승무원 전용좌석)

점프시트는 항공기 내에 객실승무원이 앉는 좌석을 말한다. 한마디로 점프시트는 승무원 전용좌석이다. 따라서 점프시트는 규정상 승무원 외에는 일반 승객들 누구도 앉을 수가 없다. 점프시트는 앉는 사람이 없을 때는 자동으로 접혀지도록 되어 있다. 점프시트는 비상시를 대비하여 승객들의 신속한 탈출을 돕기 위해 비행기 출입구 바로 옆에 위치하고 있다.

점프시트에는 승무원들 간에 통화와 기내방송을 할 수 있는 핸드셋이 장착되어 있다. 또한 비상 시 사용할 소화기, 구명복, 비상손전등, 산소통 등 비상장비들이 비치되어 있다. 사무장 전용 점프시트 주변에는 기내온도, 기내조명, 기내비디오 조작 등을 할 수 있는 컨트롤 계기 판넬이 구비되어 있다. 승무원들은 비행 전에 자신이 앉을 점프시트 위치를 확인하고, 기내에서는 점프시트 주변의 비상 장비를 점검해야 한다.

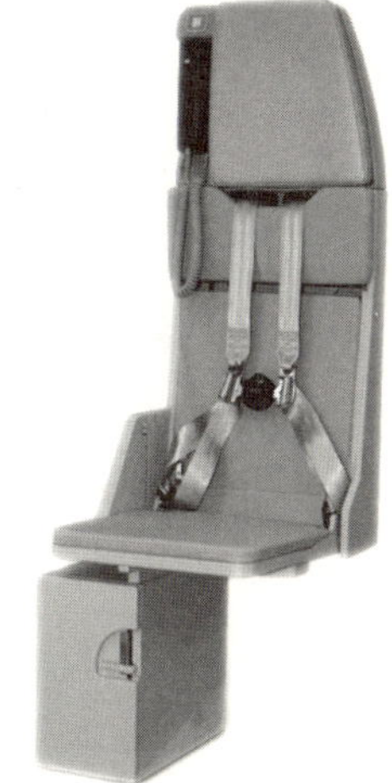

모든 객실승무원은 이 · 착륙하는 동안 기장의 지시가 있는 경우, 항상 좌석벨트와 어깨끈을 착용하고 있어야 한다(「항공법」 제126조).

IN FLIGHT(비행 중)

In-flight는 우리말로 '비행 중'이란 뜻이다. 우리나라 「항공보안법」에서 규정한 비행 중의 정의는 "승객이 탑승하여 도어를 닫은 직후부터 목적지에 도착하여 승객이 내리기 위해 도어를 여는 순간까지를 비행 중"이라 한다. 또는 명사로는 '기내'라는 뜻으로 사용한다.

- In-flight Service(기내서비스)
- In-flight Sales(기내판매)
- In-flight Announcement(기내방송)
- In-flight Safety(기내안전)
- In-flight Entertainment(기내오락)
- In-flight Magazine(기내잡지)
- In-flight Meal(기내식)
- In-flight Security Officer(항공기 내 보안요원)

FLIGHT TIME(비행시간)

비행시간은 비행기가 이륙을 목적으로 엔진이 가동되어 비행기가 처음 움직이기 시작한 시각부터, 목적지에 도착하여 엔진을 정지하는 시각까지 소요된 총 시간을 말한다. 미국연방항공청FAA은 Flight Time을 Block Time이라고도 한다.

객실승무원은 월간 최대 비행시간은 120시간을 초과할 수 없으며, 3개월에 350시간, 1년은 1,200시간을 넘지 않도록 법적 규정(운항기술기준 8.4.9.4)을 두고 있다. 때때로 항공사는 승무원의 적절한 건강유지를 위해 월 80시간을 넘기지 않으려 하나, 승무인력이 부족할 때나 성수기에는 100시간에 가까운 비행시간을 할당하는 경우가 있다.

항공사들은 비행시간이 경제적 비용에 큰 영향을 작용하기 때문에, 최상의 운항시스템을 위해 기술투자를 하고 있다. 미국 NASA는 항공기 연료를 감소시키기 위한 비행시간을 조금이라도 줄일 수 있는 소프트웨어를 개발하였다. 이 소프트웨어는 기장이 날씨와 항로를 모니터하며 가장 빠른 길로 비행할 수 있도록 고안하였다. 이 소프트웨어 앱을 태블릿 PC에 장착하여 기장이 항공기의 현 위치, 고도, 항로, 실시간 기상정보 등을 모니터한다. 이 모니터를 통해 기장은 연료를 줄일 수 있고 비행시간도 줄일 수 있는 고도와 노선을 찾아낼 수 있다. 이러한 실시간 운항정보 덕분에 기장이 관제사에게 최적의 항로변경 요청을 할 때 관제사도 허가하는데 어려움이 없게 된다.

IFSO : IN FLIGHT SECURITY OFFICER(항공기내보안요원)

항공기내보안요원은 항공기 내의 질서 및 안전을 해치는 불법행위 등을 방지하는 직무를 담당하는 객실승무원을 말한다. 항공사는 2년 이상의 선임객실승무원 중에서 자체적으로 항공기내보안요원을 선발하여야 한다(국토교통부 항공운송사업자의 항공기내보안요원 운영지침).

항공기내보안요원 제도의 도입은 2008년 미국으로부터 우리나라가 비자면제 국가로 지정받기 위한 조건으로 수용된 것이다. 미국은 「이민국적법」에 따라 비자면제를 받으려는 국가는 자국으로 들어오는 항공기에 항공보안요원을 반드시 탑승해야 하는 조건이 있었다. 미국의 「이민국적법」은 테러범들이 비자면제 국가로부터 미국으로 자유롭게 들어오는 것을 방지하기 위해 모든 비자면제 국가는 항공기에 항공기내보안요원을 탑승시켜야 한다는 새로운 보안사항을 추가한 법령이다.

항공기내보안요원은 운항 중인 항공기의 안전을 해치고, 승객과 승무원의 인명, 재산에 위해를 주며, 항공기내의 질서를 문란시키거나 규율에 위반하는 행위를 하려고 하는 자를 체포 등 필요한 조치를 취하도록 되어있다.

미국과 캐나다, 중국, 일본 등 대부분의 국가는 승객으로 위장하고 무기를 소지한 에어마샬Air Marshal이라는 전문보안요원을 운영하고 있다. 이들 에어마샬은 항공사가 아닌 국가에서 선발되고, 전문적인 대테러 훈련을 받는다는 것이 우리나라 항공기내보안요원 제도와 크게 다른 점이다.

국가별 항공기내보안요원 선발방식

선발 방식	국 가
국가경찰	호주, 캐나다, 일본, 독일
보안 및 군 경력자	미국, 중국, 싱가포르

출처 : 진성현 "항공기내보안요원의 법적 지위에 관한 연구" 논문(2011)

BOARDING PASS(탑승권)

탑승권은 승객이 항공기에 탑승하고 배정된 좌석을 점유하는 것을 입증하는 서류이다. 과거 공항에서 손으로 작성하던 시대에서 지금은 온라인으로 집에서도 컴퓨터로 탑승권을 받을 수 있게 되었고, 나아가 모바일통신을 이용하여 종이 형태로 출력하지 않고도 사용할 수 있는 전자탑승권이 가능해졌다.

탑승권에는 승객이름, 항공편, 도착지, 탑승날짜, 좌석번호, 마일리지 등이 표기되어 승객에게 제공한다. 탑승권은 항공보안에서 여권과 함께 매우 중요하게 다루고 있다. 승객은 보안검색을 받는 과정부터 항공기에 탑승하기까지 탑승권을 제시하여야 한다. 보안검색대에서는 보안요원에게 탑승권을 보여주어야 하며, 항공기로 들어가는 게이트 입구에서는 항공사 직원에게 여권과 함께 제시하며, 마지막으로 항공기에 탑승하는 순간에 항공사 승무원에게 보여주어야 한다.

객실승무원은 항공기 탑승구에서 승객에게 인사와 함께 탑승권을 확인하는 보안업무를 수행하여야 한다. 만약에 잘못된 탑승권으로 승객이 탑승한 사실을 알게 되었을 경우에는, 해당승객을 하기 조치함은 물론 관계 공항 보안당국에 의해 항공기 재안전점검을 위해 모든 승객이 다시 내리는 일까지 벌어지기도 한다.

우리나라는 「항공보안법」 시행규칙 제7조(항공기 보안조치)에 따라 항공사는 유효 탑승권의 확인 및 항공기 탑승까지의 탑승과정에 있는 승객에 대한 보안점검을 규정하고 있다.

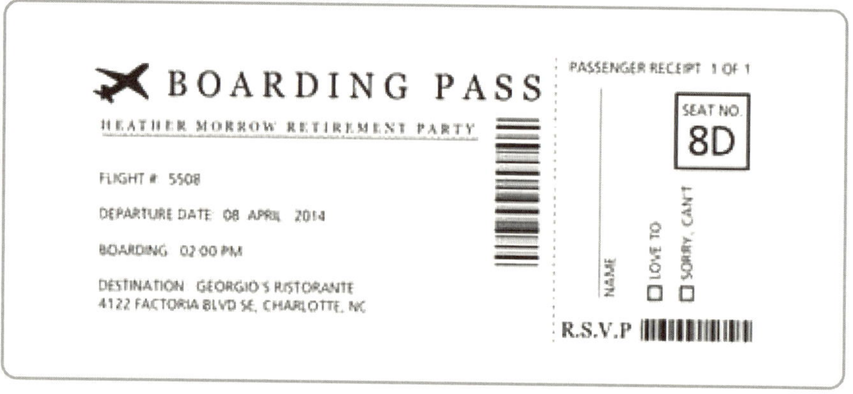

TARMAC DELAY(활주로 지연)

Tarmac Delay는 항공기가 이륙 전 또는 착륙 후에 기상악화, 항공기 정비결함 등의 사유로 이륙을 못하거나, 게이트로 진입하지 못해 유도로에 장시간 서 있어 승객들이 기내에서 기다리고 있는 것을 일컫는다.

Tarmac Delay 상태에서 승객은 장시간 기내에 머물며 음식과 물 부족, 화장실 이용에 큰 불편을 겪어야만 했다. 미국교통부는 오랜 세월 만연화 된 활주로 상에서의 항공기 지연에 불편을 겪어 온 항공이용 승객들의 권리주장을 받아들여 Tarmac Delay 규정을 2010년에 도입하였다.

이 규정은 미국 국내 항공사뿐만 아니라 미국에 취항하는 모든 국가의 항공사에도 적용된다. Tarmac Delay 규정은 국내선 비행기는 3시간 이상 지연, 국제선은 4시간 이상 지연되는 항공기는 지연 2시간이 되면 승객들에게 적절한 음식과 물을 제공하여야 하며, 화장실 이용에 불편이 없도록 한다. 국제선의 경우 지연 4시간(국내선은 3시간) 이상 넘어갈 것으로 예상되는 경우, 항공기

*우리나라도 2016년 미국의 Tarmac Delay Rule을 도입하여 승객을 탑승시킨 채 계류장 내 장시간(국제운송 4시간 / 국내운송 3시간) 대기를 금지하여 계류장 지연을 억제하고, 계류장 지연 시 승객들에게, ① 매 30분마다 지연사유 및 진전내용 고지, ② 음료 · 의료서비스 등 지원을 의무화하였다.

는 탑승구 또는 다른 하기할 장소를 확보하여 승객이 안전하게 하기할 수 있도록 한다. 승객에게는 지연 이후 매 30분마다 기내방송을 해야 한다. 또한 항공사는 Tarmac Delay와 관련한 항공사 정책 내용을 홈페이지에 공지하여야 한다. 이러한 규정을 위반할 시에는 승객 1인당 2만7천5백 달러의 벌금을 항공사에 부과한다.

미국 노선을 비행하는 객실승무원은 객실브리핑 시 Tarmac Delay 규정에 대해 교육을 받도록 하고 있다. 미국행 비행기에는 Tarmac Delay를 대비한 비상용 스낵Snack류를 탑재하고 있다.

NONDISCRIMNATION OF THE BASIS DISABILITY IN AIR TRAVEL(장애인차별금지법)

미국은 '장애'라는 이유로 승객의 차별을 금하는 「항공기접근에 관한 법률」을 1986년에 제정하고, 이 법을 수정한 「장애승객차별금지법」이 2009년 5월 13일부터 시행되었다.

항공사는 장애승객의 탑승을 거절해서는 안 되며, 장애승객은 우선 탑승을 하도록 한다. 안전한 여행이 의심스러운 경우에는 기장 또는 운송직원CRO과 협의한다. 항공사는 장애승객에게 공항에서 전동차 및 휠체어를 제공하고 기내에서는 On-board 휠체어를 제공한다.[1]

승객이 이동할 때 필요한 승객 본인의 지팡이 또는 접을 수 있는 휠체어는 기내공간이 확보되는 한 기내에 보관토록 협조한다. 객실승무원은 승객이 직접 요청하지 않은 사항을 자의적으로 판단하여 제공하지 않는다. 즉 좌석까지 업거나 들어서 옮기지 않으며, 음식을 대신 먹여준다든지 하는 행위는 하지 않는다.

장애승객에게는 기내안전에 대해 개별적인 안내를 한다. 가까운 비상구 위

1_ On-board 휠체어는 기내에 상시 탑재되어 있어야 한다.

치와 탈출 시점에 대한 안내를 하며 주위 시선을 끌지 않도록 이해여부를 묻지 않는다.

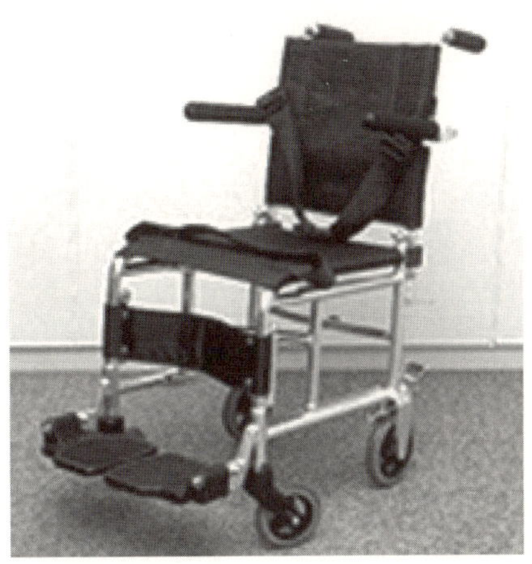

항공사는 「장애승객차별금지법」에 대한 교육프로그램을 유지하고, 객실승무원을 포함하여 관련 직원들에 대해 교육을 실시한다. 미주 노선 객실승무원은 브리핑 때에 장애승객 응대절차에 대한 교육을 상시 받고 있다.

ON BOARD WHEEL CHAIR(기내 전용 휠체어)

On Board Wheel Chair는 기내의 좁은 통로를 다닐 수 있도록 고안된 기내 전용 휠체어이다. On Board Wheel Chair는 항공기에 상시 탑재되어 있어, 장애인 승객이 탑승하여 좌석까지 가야 할 때, 비행 중에 화장실을 사용할 때, 내릴 때, 기타 이동이 필요할 때 기내에서 승무원이 제공한다.

On Board Wheel Chair가 의무적으로 기내에 탑재된 계기는 미국 교통부가 「항공여행장애인차별금지법」에 미국 영토 내에 들어오는 모든 외국 비행기에는 반드시 On Board Wheel Chair을 항공사가 제공하여야 한다는 규정에 따라서이다. 미주노선을 비행하는 승무원은 기내에 On Board Wheel Chair가 있는지 확인하여야 하며, 없을 경우에는 On Board Wheel Chair가 반드시 탑재되도록 조치한다.

2 기내안전 용어

1) 기내안전 및 승객안전 용어

PRE-FLIGHT CHECK(비행 전 안전점검)

Pre-flight Check는 항공기 출발 전 객실승무원이 항공기에 탑승하여 가장 먼저 하는 기내안전 및 보안점검을 말한다. 기내안전점검은 기내에 장착된 각종 비상장비, 응급의료장비, 보안장비의 정위치와 사용 가능상태, 수량 등을 점검하는 것이다.

승무원은 각자 배정받은 근무 위치의 점프시트 주변의 비상 장비부터 시작하여 기내 좌석, 겔리, 오버헤드 빈 등에 있는 장비들의 이상 유·무를 확인하다. 점검해야 할 주요 안전장비들로는 소화기, 손전등, 메가폰, 구명복, PBE 등이 있다. 응급장비로는 산소통, AED, EMK, FAK, UPK 등이 있고, 보안장비는 방폭담뇨, 방탄재킷 등이 있다.

점검을 마친 승무원은 사무장에게 보고하며, 사무장은 기장에게 기내점검 이상 유·무를 통보하면 기장은 승객을 탑승해도 좋다는 신호를 준다.

각 나라는 자체 안전감독관을 운영하여 자국에 들어온 항공기를 대상으로 승무원의 Pre-flight Check 상태를 감독한다. 특히 유럽항공안전기구EASA는 감독관이 승객탑승 전 항공기에 들어와 은밀하게 기내 좌석 주변에 가상의 모의 폭발물 등을 숨겨 승무원이 제대로 검색하는지 확인하는 절차를 두고 있다.

우리나라 안전감독관 역시 승무원의 Pre-flight Check 상태를 수시로 감독하는데, 비상장비 주변에 승무원의 짐이나 기내용품들이 혼재되어 있으면 지적 대상이 된다.

PASSENGER BRIEFING(승객 브리핑)

우리나라 법에서 규정한 승객 브리핑은 안전시범Safety Demonstration이라고 불리기도 하는데, 항공기 이륙 전에 승무원이 탑승객을 대상으로 항공기 내의 안전 전반에 대한 정보를 제공하는 절차를 뜻한다. 승객 브리핑은 비디오 시청각 시스템을 활용하여 승객들에게 좌석의 스크린을 통해 보여주는 방식과, 승무원이 탑승객 앞에서 안전장비 사용을 직접 시연하는 방식이 있다.

승객 브리핑에서 제공되어야 할 안전정보로는 ① 가까운 비상구 위치, ② 좌석벨트 사용방법, ③ 상시 좌석벨트 착용안내, ④ 구명복의 위치와 사용방법, ⑤ 이 · 착륙 전좌석 등받이 조절, ⑥ 전자기기 사용제한, ⑦ 감압발생시 산소마스크 착용방법, ⑧ 승객 짐 안전하게 보관하는 방법, ⑨ 기내 및 화장실 금연안내, ⑩ 비상착륙 시 충격방지 자세, ⑪ 좌석에 비치된 승객용 안전카드 안내 등이 있다.

기장은 항공기가 이륙하기 전에 승무원들이 승객 브리핑을 실시하였는지 확인하여야 한다. 어떠한 경우든 승객 브리핑을 실시하지 않으면 항공기는 이륙해서는 안 된다는 항공 규정이 있다. 따라서 사무장은 비행기에 탑승하여 가장

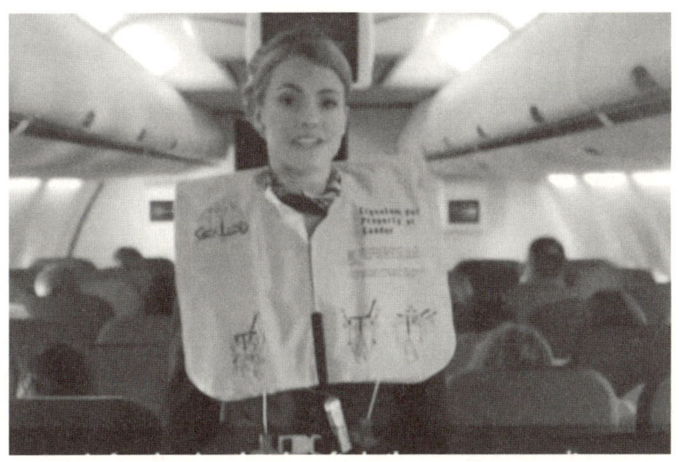

먼저 하는 일이 승객 브리핑이 잘 상영되는지 비디오장비 상태를 점검하는 것이다. 비디오장비에 문제가 있어 상영이 안 되면, 승무원이 통로에서 직접 시연을 하여야 한다.

SAFETY INFORMATION CARD(기내안전정보카드)

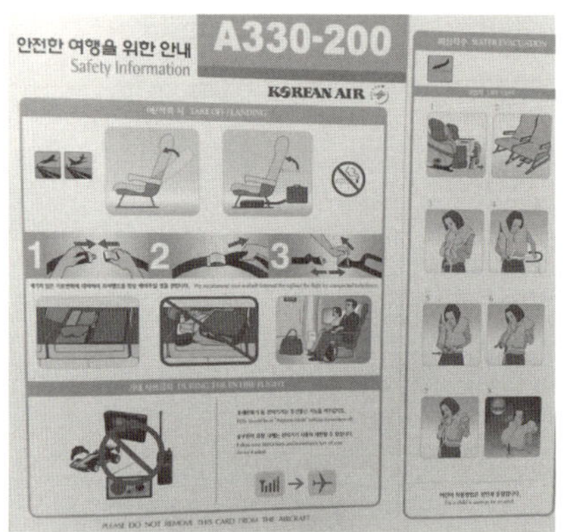

Safety Information Card는 승객에게 필수적인 안전정보를 제공하는 안내지로 모든 승객좌석주머니 안에 비치되어 있다. Safety Information Card는 승객이 비행 중 언제라도 기내 비상탈출사항 발생 시에 어떻게 대비하는가에 대한 궁금증을 풀어주기 위한 목적으로 사용된다. Safety Information Card에는 좌석벨트, 비상탈출구 위치, 구명복, 산소마스크, 흡연금지, 연기 대응절차 등에 대한 안내 및 사용법을 수록하고 있다.

Safety Information Card의 기내 비치는 「항공법」 규정사항이며, 승무원은 비행시작 전, 기내 좌석에 비치된 Safety Information Card가 있는지 확인하며, 훼손되거나 불결해진 Safety Information Card는 교체하여야 한다.

2) 비상장비 용어

EXIT DOOR(비상구)

항공기 도어는 승객의 출입구로 뿐만 아니라 비상상황 발생 시 탈출하는 비상구로 사용한다.

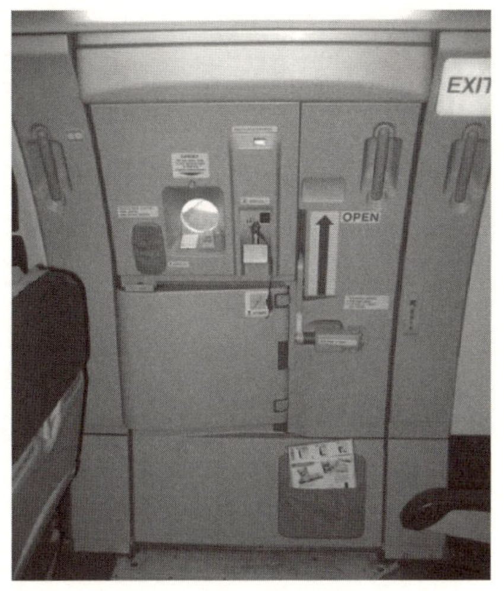

항공기의 도어는 정식으로 도어사용 훈련을 받지 않은 사람은 조작해서는 아니 된다. 만약에 비행 도중에 일반승객이 도어조작을 시도하여 문제가 발생되면 현행 「항공법」 규정에 의거 5년 이하의 징역형을 받게 된다.

객실승무원은 항공기 도어 훈련을 12개월에 한 번씩 정기적으로 받도록 규정하고 있다. 항공기 도어의 형태는 보잉사와 에어버스사 등 항공기 제작사마다 다르고, 같은 제작사라도 기종별로도 조금씩 다르게 제작되었다. 따라서 객실승무원은 기종별 도어조작에 숙달되도록 훈련을 받아야 한다. 만약에 도어 형태가 기존의 것과 전혀 다른 새로운 항공기가 도입되면, 그 항공사는 전체 객실승무원을 대상으로 도어훈련을 해야 한다.

예를 들면, 국내에 처음으로 A380이 도입되었을 때 항공사들은 1일 과정의 도어훈련을 전체 승무원에게 시킨 적이 있다. A380의 도어는 기존 항공기와 다르게 버튼을 눌러 열고 닫는 것이 특징이다.[2]

항공기 도어의 구조는 크게 도어핸들, 도어모드, 비상탈출용 미끄럼대, 도어윈도우, 도어락Locked 상태 표시창, 보조손잡이Assist Handle로 이루어져 있다. 현재 항공기 중 가장 많은 도어를 창작한 항공기는 A380으로 총 16개의 도어를 갖추고 있다.

2_ 도어를 열 때는 Open버튼을 누르고, 닫을 때는 Close버튼을 누른다.

Gust Lock

Gust Lock은 항공기가 도어를 열어놓은 상태에서 지상에 주기되어 있거나, 운항 중이 아닐 때 열려있는 항공기의 문이 돌풍(Gust) 같은 외부의 강한 힘에 흔들리지 않고 열려진 상태로 고정되어 있도록 작동하는 기계적 장치이다. 항공기 문을 완전히 열릴 때까지 밀면 마지막 순간에 Gust Lock이 작동되어 열린 문을 고정시켜 준다. 반대로, 항공기 문을 닫을 때에는 인위적으로 Gust Lock을 풀어주어야 문이 움직이며 닫을 수가 있다. Gust Lock은 항공기 문에 장착되어 있으며, 장착 위치와 생김새는 기종별로 다른 형태를 지니고 있다. 항공기에서 Gust Lock은 항공기 문뿐만 아니라 조종실에서도 조종핸들 및 항공기 동체의 꼬리날개 등이 외부의 강한 바람으로 손상되지 않도록 고정시켜주기 위한 Gust Lock도 있다.

DOOR MODE(도어모드)

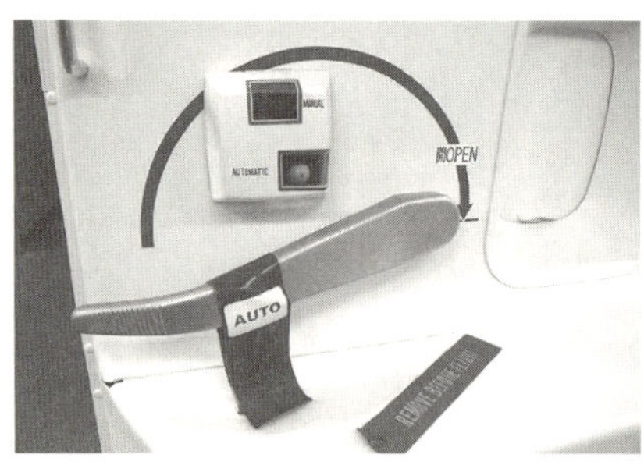

도어는 비행기가 지상에 있어 사람이 드나드는 출입구로 사용되지만, 비행 중 위급한 상황에서는 비상탈출구로 사용된다. 따라서 비행기가 지상에서 출입구로 쓰일 때와 비행 중 비상탈출구로 쓰일 때를 구분하도록 도어의 기능을 변환시켜 주어야 한다. 비상탈출 시에는 도어에 장착된 비상탈출용 미끄럼대Escape Slide가 팽창되어 펼쳐지도록 해줘야 하는데, 이렇게 도어기능을 정상시와 비상시로 바꿔주는 것이 도어모드이다.

도어모드는 비행기에 따라 도어의 중간 또는 상단에 있는데, Lever가 있어 왼쪽으로 레버를 돌리면 Disarmed로, 오른쪽으로 레버를 옮기면 Armed 상태가 된다. 승무원이 지상에 있는 비행기에 탑승하여 도어모드를 보면 레버가 Disarmed에 있다. 그 상태에서 비행기가 출발 직전에 승무원은 도어모드의 레버를 Armed 위치로 옮겨놓아야 한다. 비행이 종료되어 비행기가 완전히 정지하고 기내에 좌석벨트 사인이 꺼지면, 그것을 신호로 승무원은 레버를 다시

Disarmed로 바꿔놓아야 한다. 도어모드의 레버가 Armed 위치에 있어야만 비상시 탈출하기 위해 도어를 열면 Escape Slide가 자동으로 팽창되어 승객들이 신속하게 탈출하게 된다.

보잉사가 제작한 비행기는 도어모드의 정상상태를 'MANUAL'로 표기하고, 비상상태는 'AUTOMATIC'으로 표기되어 있다. 도어모드 변경 절차는 동일하다.

EVACUATION(비상탈출)

항공기가 비정상적인 이륙 및 착륙, 화재, 충돌 등으로 사고가 발생했을 때, 기내에 있는 승객과 승무원은 비상탈출을 시도하여야 한다. 비상탈출에는 준비된 비상사태와 준비되지 않은 비상사태를 구분하여 신속하게 이뤄져야 한다. 준비된 비상사태 시에는 객실승무원은 사전에 합동브리핑 때 약속된 기장의 탈출지시 방송 또는 탈출신호음을 듣는 즉시 탈출을 시작한다. 준비되지 않은 비상사태에는 객실승무원은 조종실의 문을 두드리는 등 기장에게 연락을 시도하여 기장의 지시에 따라야 한다. 만약에 기장으로부터 응답이 없다면 항공기가 완전히 정지했을 때 객실승무원 스스로 비상탈출을 결정할 수 있다.

비상탈출이 결정되면, 객실승무원은 Shouting을 실시하여 승객에게 탈출명

령을 내려야 한다(Shouting 예: "벨트 풀어", "나와", "짐 버려", "이쪽으로", "양팔 앞으로", "뛰어", "내려가"). 항공기가 바다, 강, 호수 등 물 위로 비상착수하였을 때 탈출은 도어에 장착된 미끄럼대Slide가 구명보트Raft로 사용되며, 승객과 승무원은 좌석 하단에 있는 구명복을 착용한다.

미국 FAA는 비상탈출은 90초 이내에 이뤄지도록 규정화하고 있다. 항공사들은 객실승무원의 비상탈출 훈련을 매년 정기적으로 실시하고 있다(「항공법」 시행규칙 제218조).

DITCHING(비상착수)

Ditching은 바다, 강, 호수 등 물 위에 항공기가 불시착하는 것을 말한다. 항공기 내에는 Ditching에 대비하여 비상탈출 시 물에서 생존할 수 있는 구명복과 구명정Slide / Raft이 장착되어 있다. 객실승무원은 항공기 이륙 전 승객들에게 구명복 착용 사용법에 대해 반드시 알려주도록 법적으로 규정되어 있다.

객실승무원은 비상착수 사고에 대비해 구명복을 착용하고 구명정을 사용하는 절차에 대해 훈련을 받는다.

"허드슨강의 기적"

US Airways 1549편 A320 항공기가 2009년 1월 15일 승객 150명(승무원 5명)을 태우고 뉴욕 라과디아공항을 이륙했다. 항공기는 이륙하는 과정에 날개 양쪽의 엔진에 새들이 충돌하는 사고가 일어났다. 기내에 있던 승객들은 '꽝' 하는 소리를 들었고, 기내에 타는 냄새가 퍼졌다. 순항고도에 도달하지 못한 항공기는 엔진고장으로 더 이상 비행할 수 없는 상황에 빠졌다. 항공기는 다시 기수를 돌려 공항으로 되돌아가야 했다. 기장은 라과디아공항 관제탑에

이 사실을 알렸다. 관제탑에서는 비상착륙할 활주로를 알려주었다. 기장은 너무 낮은 고도에 있어 그럴 수가 없다고 했다. 결국 기장은 뉴욕 허드슨강에 비상착수Ditching하기로 결정했다. 비상착수 90초 전에 승객들에게 비상착수 충격에 대비할 자세Brace for Impact를 갖추라고 안내했다.

기장은 구조가 빨리 될 수 있도록 유람선들이 있는 강 북쪽으로 착륙 시도를 했다. 기장은 엔진파워를 잃어버린 항공기를 물 위에 매끄럽게 착륙시켰다. 기장은 조종실의 문을 열고 나와 승객들에게 탈출하라고 소리쳤다. 3명의 객실승무원 중 2명은 항공기 앞문을 열고 슬라이드 레프트를 펼쳤다. 나머지 객실승무원 1명은 기내 후미에 있었다. 기내 뒤 비상구는 공포에 빠진 어느 승객이 승무원의 지시 없이 미리 여는 바람에 물이 쏟아져 들어왔다. 승무원이 다시 닫으려 했지만 안됐다. 승객들은 기내에 무릎까지 물이 차자 좌석 위로 넘어가며 항공기 날개쪽의 비상구로 탈출했다.

기장은 승객이 모두 탈출했는지 마지막으로 기내를 둘러보았다. 승객 모두가 무사히 구출되었다. 미국은 그를 허드슨강의 기적을 일으킨 영웅으로 불렀다. 아울러 민간항공 역사상 비상착수 사고에서 가장 성공적인 비상탈출로 기록되고 있다.

ESCAPE SLIDE(비상탈출용 미끄럼대)

Escape Slide는 비상상황이 발생한 항공기에서 신속하게 외부로 탈출하기 위한 미끄럼대를 일컫는 비상탈출 장비이다. 따라서 Escape Slide는 모든 도어 내부Slide Bustle에 장착되어 있다.

Escape Slide는 도어 크기에 따라 한 사람이 이용할 수 있는 Single Lane과 두 사람이 동시에 사용이 가능한 Dual Lane 두 종류가 있다. Escape Slide는 두 가지 형태가 있다. 항공기가 물 위에 비상 착수한 경우, 구명보트Raft로도 사용되는 형태와 육지에서만 사용 가능한 형태로 나누어진다.

Escape Slide는 1960년대 25초에서 최근에는 6초 이내에 팽창하여 전개될 정도로 성능이 많이 개선되었다. Escape Slide로 비상 탈출하는 승객은 승무원의 지시에 따라야 하며, 신속한 탈출을 위해 시간지연의 원인이 되는 짐은 기내에 두어야 한다. 승무원은 팽창되어 전개된 Escape Slide가 땅에 닿지 않는 경우에는 해당 비상구는 폐쇄하고 승객을 다른 비상구쪽으로 안내해야 한다. A380항공기의 U/D 비상구는 Escape Slide가 땅에 못미치는 경우, 추가로 Escape Slide가 땅에 닿을 수 있는 길이만큼 더 길게 전개하는 장치를 처음으로 갖추었다.

LIFE VEST(구명복)

Life Vest는 항공기가 바다, 강 등 물 위로 비상 착수하여 비행기에서 탈출할 때 착용하는 비상 장비이다. Life Vest는 기내 승객좌석 하단과 승무원 Jump Seat에 장착되어 있다. Life Vest는 물 위에 잘 뜨도록 하며, 체온저하를 방지하기 위한 목적으로 사용된다.

Life Vest는 야간에도 식별이 가능토록 형광색으로 제작되었다. 승객용 Life Vest는 노란색으로 국제 표준화되어 있고, 승무원용 Life Vest는 붉은색으로 승객과 구별하기 위해 다른 색으로 되어있다. 유아용 구명복은 좌석에 비치되어 있지 않지만, 승무원에게 요청을 하면 가져다준다.

Life Vest를 착용할 때에는 붉은색 탭Tab이 앞쪽으로 위치하도록 하여, 머리 위에서부터 입고 양 끈 사이로 팔을 끼우도록 한다. 허리조절 끈으로 몸에 맞게 조절하고 붉은색 손잡이를 앞으로 당기면 구명복이 부풀어지도록 되어 있다. 충분하게 부풀리지 않을 때는 구명복 양쪽의 붉은 관을 입으로 분다. Life Vest는 수면에서 위치를 알릴 수 있는 Locator Light가 있어 'Pull to Light'라고 표시되어 있는 Tab을 당기면 핀이 빠지면서 배터리 홀이 나타난다. 배터리 홀에 물이 들어가면 Light가 켜진다. Light는 약 8~10시간 정도 지속된다. Life Vest는 항공기 비상구에서 탈출직전에 작동하여 부풀리도록 한다.

LIFE RAFT(구명 부양정)

Life Raft는 항공기가 바다, 강, 호수 등 물 위로 비상착수 하였을 시 항공기에서 탈출한 후에 사용되는 부양 장비이다. Life Raft는 Slide Raft와 다르게 비행기에 장착된다. Slide Raft는 항공기 도어에 장착된 Escape Slide와 겸용으로 되어 있어, 비상착수 시에는 Escape Slide가 Raft의 기능과 역할을 하게 되어 있다.

Life Raft는 별도로 기내에 장착되는데, 주로 B737 기종에 기내 천정 또는 기내선반Overhead Bin에 탑재한다. 항공기가 비상착수하면 객실승무원은 Life Raft를 탑재 위치에서 꺼내어 Life Raft 측면에 있는 연결고리끈Mooring Line으로 탈출할 비상구 주변 좌석에 묶어 항공기 밖으로 던진다. 승객들이 Life Raft에 옮겨 타도록 하고, 승무원은 마지막으로 옮겨 탄 후 Life Raft와 항공기를 연결한 연결고리끈을 Life Raft에 부착되어 있는 칼로 끊어 항공기로부터 벗어난다.

Life Raft는 전체적으로 육각형의 둥근 모양으로 생겼으며, 생존용 도구Survival Kit가 있고, 필요시에는 햇빛을 가리거나 비바람을 막을 수 있는 카노피Canopy를 설치한다.

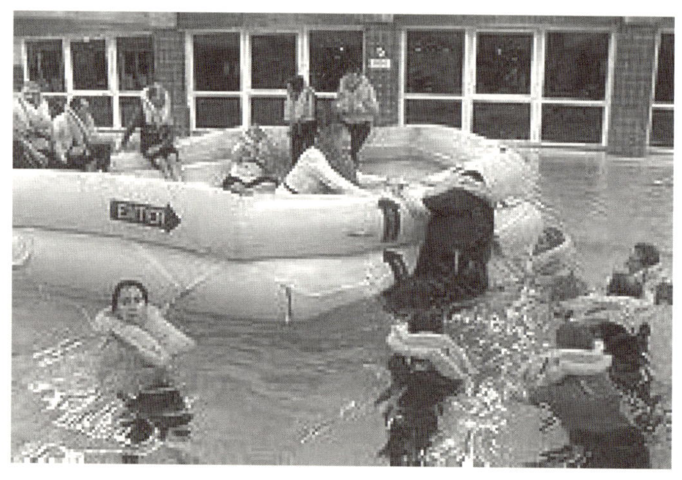

OVERWING DOOR(날개쪽 비상구)

오버윙 도어는 비행기 날개에 위치한 비상구를 일컫는다. 따라서 오버윙 도어는 사람이 드나드는 출입구로 사용하지 않는다. 그러다보니 다른 도어와는 달리 비상시가 아니고는 평상시 여는 일이 없다. 오버윙 도어가 다른 도어와 가장 큰 차이점은 도어에 비상탈출용 미끄럼대Escape Slide가 장착되어 있지 않다. 따라서 오버윙 도어로 탈출은 날개를 이용하는 방법이 있다.

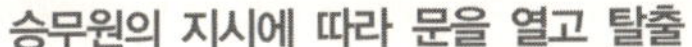
승무원의 지시에 따라 문을 열고 탈출

바다에 빠진 B737(오버윙 도어로 탈출한 승객들)

PO_2 : PORTABLE OXYGEN BOTTLE(휴대용 산소통)

PO_2는 기내에서 비상사태 및 응급처치를 목적으로 승객에게 산소를 공급하는 비상 장비이다. PO_2는 산소가 저장되어 있는 산소통과 산소를 공급하는 밸브, 그리고 산소를 흡입하는 산소마스크로 구성되어 있다. PO_2는 주로 기내에 응급환자 발생 시 의료장비로 쓰이고, 기내 감압현상 발생 시에도 사용한다.

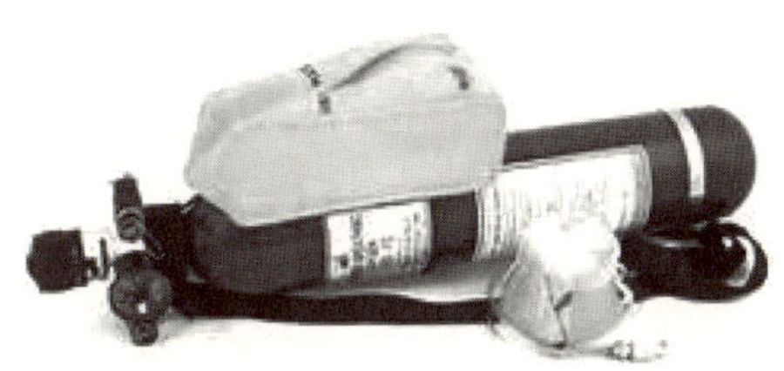

PO_2는 산소공급밸브 장치가 Hihigh와 LoLow 두 개가 있어 산소마스크와 연결되는 밸브에 따라 산소 사용량이 다르게 소모된다. Hi로 공급 시에는 1분간 4리터의 흐름으로 최대 77분까지 공급되며, LO로 공급 시는 1분간 2리터의

흐름으로 최대 154분까지 공급될 수 있다. 산소공급 밸브와 산소마스크가 연결되는 Fitting Type은 돌려서 끼우도록 된 Twist Type과 밀어서 삽입하는 Push in Type 두 가지 방식이 있다.

PBE : PROTECTIVE BREATHING EQUIPMENT(호흡보호장비)

PBE는 항공기사고로 발생하는 독성연기 및 화염, 그리고 기내에서 화재로 발생하는 연기로부터 눈 · 코 · 입을 보호하고 산소를 공급하는 안전장비이다. 기내에서 화재가 발생하면 승무원은 PBE를 착용하고 화재진압을 시도한다. PBE 사용시간은 15분 정도이다. 승무원은 비행기에 탑승하여 안전장비 점검 시 PBE가 정위치에 비치되어 있고, 사용 가능한 상태인지 확인해야 한다.

ELS : EMERGENCY LIGHT SWITCH(비상조명스위치)

ELS는 항공기사고로 비상탈출을 할 때 기내가 정전이 되어 어둡거나 연기로 탈출구를 찾지 못하는 상황에서 시야를 확보하기 위해 기내통로 바닥, 좌석 옆, 탈출구, 객실 벽면에 비상등을 작동시키는 비상조명 스위치이다.

ELS 조작은 조종실이나 객실승무원 패널에서 객실사무장이 주도하며, 객실전원공급이 중단될 경우에는 자동으로 작동된다. 비상탈출을 유도하는 비상등은 객실통로를 따라 비상구까지 연결되어 있다. 객실사무장은 승객탑승 전 비상장비 점검 시 ELS 작동여부를 확인한다.

출처 : 유튜브 캡처

ELT : EMERGENCY LOCATOR TRANSMITTER
(비상위치지시용 무선표지설비)

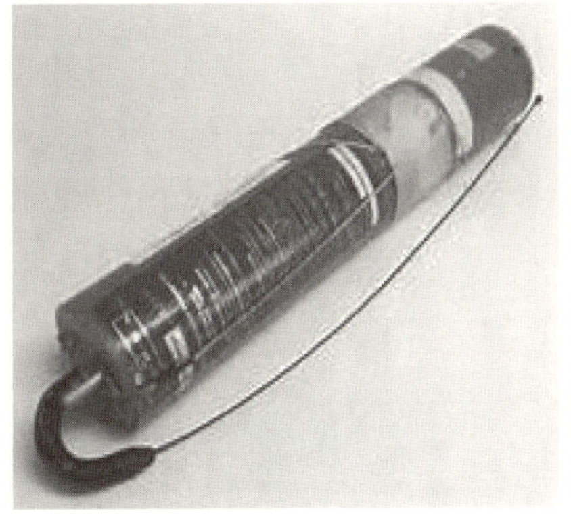

ELT는 항공기가 조난을 당했을 경우, 위치를 전파로 발신하여 구조를 요청하는 장비이다. 기내 ELT 탑재는 객실승무원이 신속히 접근하여 사용할 수 있는 곳에 비치해야 한다(「항공법」고시 7.1.14.4). ELT 사용은 지상조난 시에는 안테나를 고정시킨 테이프를 풀어 안테나를 세우고, ELT 하단부분에 감겨진 끈을 풀고 안쪽에 보관된 플라스틱봉지를 이용하여 봉지에 물, 음료, 심지어 소변 등 수분을 담고, 그 봉투 안에 ELT를 세워놓는다. 그러면 ELT가 작동되어 전파를 발신한다. 항공기가 물 위에 조난당했을 때는 ELT를 그대로 물에 던지면 자동으로 물 위에 뜨며 ELT 안테나를 고정시킨 테이프가 저절로 녹아떨어져 안테나가 자동으로 세워져 전파를 발신한다. ELT는 염분이 있는 물에서 사용하는 것이 순수한 물보다 발신시간이 더 연장되며, 차가운 물을 사용하면 더운물보다 발신시간이 연장된다.

ELT는 항공기 조난 시에 승무원이 반드시 휴대하고 탈출해야 하는 중요한 비상장비로, 전파발신은 약 24~50시간 정도 지속된다.

3) 기내 비정상 상황

TURB : TURBULENCE(난기류)

난기류가 발생하는 가장 전형적인 패턴은 폭풍우와 같은 기상과 관계되어 있다. 폭풍우 한 가운데에 있는 강력한 상승기류와 하강기류는 비행기를 위·아래로 1,800m까지 밀어낼 수 있다. 폭풍우 같은 악기상으로 발생하는 난기류는 기상정보시스템에 의해 예측이 가능하다. 두 번째 난기류의 전형적인 발생은 높은 수직으로 된 산들이 있는 산맥에서 부는 강력한 바람에 의해서이다. 산 정상에 파도와 같은 형태의 바람이 형성되어 난기류를 발생시킨다. 이런 난기류는 과학적으로 예측이 안 되지만, 기장이 감각적으로 그런 산의 형태에는 늘 난기류가 존재한다는 경험에서 대처할 수 있다.

가장 예측이 불가능한 사고의 위험성을 가지고 있는 난기류는 CATClear Air

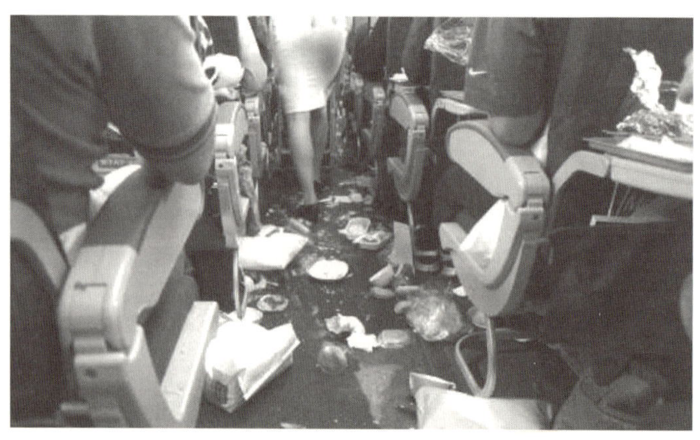

Turbulence : 청정난기류이다. CAT는 구름 한 점 없는 깨끗한 하늘에 발생하는 것으로 비행 중에 보이지도 않고, 사전경고도 할 수가 없다. CAT가 발생하는 유일한 단서 중 하나는 공기가 빠르게 흐르는 제트스트림Jet Stream과 느리게 흐르는 공기의 경계상에서 발생한다는 것이다. CAT를 예측하는 방식은 같은 항로로 먼저 앞서 날아가고 있는 비행기의 조종사로부터 기류에 관한 정보를 받는 것이다. CAT와 같은 난기류에서 보호를 받을 수 있는 방법은, 비행 중에는 어떠한 경우에든 좌석벨트를 항상 매고 있는 습관을 갖는 것이다.

미국연방항공청FAA은 난기류로 인해 일 년에 평균적으로 58명이 부상당한다고 한다. 난기류로 가장 부상을 많이 입는 사람은 첫 번째가 승무원이고, 두 번째가 아이를 안고 있는 승객, 세 번째가 좌석벨트를 매지 않은 승객이다.

"Turbulence에 관해 기장에게 물었습니다"

[질문] 기장은 Turbulence를 피하기 위해 어떤 일을 합니까? 그리고 Turbulence가 일어나지 않는 항로는 없습니까?

[답변] 기장은 비행기 탑승하기 전에 목적지까지 날아가는 항로상에 현재 Turbulence가 발생되고 있는 지역과 Turbulence가 예상되는 지역에 대한 기상브리핑을 받습니다. 비행기 항로는 Turbulence가 있는 곳을 피해서 조정하게 됩니다. 일단 비행을 하고 있는 중에는 기장은 앞서 날아가고 있는 다른 항공기의 기장으로부터 Turbulence에 대한 정보를 듣게 됩니다. 공항관제소는 기장에게 비행기가 흔들리는 Turbulence가 발생하는 고도에 대한 정보를 줍니다. 만약에 Turbulence로 비행기가 많이 흔들린다면, 기장은 고도를 조정해서 비행기가 안전하게 날아갈 수 있도록 합니다. Turbulence는 수시로 변하는 기상 형태에 따라 발생합니다. 따라서 일년 내내 Turbulence가 없는 지역이나 항로가 있다는 것은 불가능합니다.

"난기류 승객부상"

2015년 12월 31일 에어캐나다 항공기가 심한 난기류를 만났다. 공포에 빠진 승객들은 죽는 줄만 알았다. 어린아이를 포함한 21명의 부상자가 발생한 B777-300ER 항공기는 신속하게 임시공항에 착륙해야만 했다.

사고는 상하이에서 토론토로 가던 중 알래스카상공에서 일어났다. 항공기는 의료센터가 있는 캘거리에 임시 착륙하였다. "누구의 잘못도, 조종사의 잘못도 아니었다. 모두 최선을 다했다. 솔직히 영화에서 본 것 같이 우리는 죽는 줄 알았다. 사람들이 기내 천정 위로 솟구쳐 오르며 머리를 천정에 부딪쳤다. 기내에 고정되지 않은 것들은 모두 천정으로 올라갔다."고 한 승객이 당시 상황을 전했다. 기내는 롤러코스터를 탄 것 같이 45분 동안 흔들렸다. 산소마스크가 떨어지고 사람들이 공포에 울기 시작했다.

사실 난기류는 예상되었다. 기장은 승객들에게 항공기가 심한 난기류로 들어간다고 경고하고 여러 번 좌석벨트를 매어 줄 것을 방송했다. 그럼에도 아무도 항공기가 그렇게 심하게 난기류를 만날 것이라 생각하지 못했다.

DEPRESSURIZATION(감압현상)

감압은 비행 중 기내 압력이 빠져나가는 현상으로, 도어나 창문 주위의 이음새를 통해 기압이 빠져나가 발생하거나, 기내 여압시스템 고장으로 발생할 수 있다.

기내에 감압현상이 발생하면 산소마스크가 좌석 위에서 아래로 떨어지고, 동시에 기내에 감압방송이 나오며 좌석벨트 사인이 켜진다. 사람이 느끼는 감압현상은 귀가 멍멍하고, 산소가 부족한 저산소증 증세가 일어나며 귀가 막혔다 뚫리기도 한다. 기내현상으로는 기내온도가 내려가고 차가운 바람이 유입되며 파편조각이 날아다니기도 한다.

감압현상이 일어나면 기장은 항공기의 객실안전 고도인 14,000피트까지 4분 내에 도달되도록 비상강하를 시도한다. 비행고도가 1만 피트 이상 운항하는 항공기에는 산소가 승객에게 공급될 수 있는 장치를 갖추어야 한다.

출처 : 유튜브 캡처

"항공기 감압사고"

2008년 7월 25일 남중국해 상공을 비행하던 호주 콴타스항공사 보잉 747-400 항공기 동체에 큰 구멍이 터지는 사고가 발생했다. 동체파손으로 기내는 급격한 감압현상이 발생했다. 기장은 2만9천피트 상공을 날던 비행기를 1만피트까지 7분 만에 비상강하를 시도하고, 필리핀 마닐라로 회항하여 비상착륙하였다. 이 비행기에 탑승한 350명의 승객과 19명의 승무원 중에 다친 사람은 없었다. 당시 기내상황에 대해 객실승무원들이 보고한 내용을 살펴본다.

처음에 객실승무원과 승객들은 커다란 굉음을 들었고, 좌석 위에서 산소마스크가 떨어지는 것을 보았다. 승무원들은 서늘한 공기가 유입되는 것을 느꼈고, 파편들이 날아다니는 것을 보았다. 대부분의 승객은 산소마스크 사용을 제대로 못했다. 산소마스크를 손에 잡고 입에 대고만 있었다. 승무원들은 승객들에게 산소마스크 끈을 머리 위로 쓰고 잡아당기라고 소리쳤다. 다른 승무원은 자고 있는 아기와 아이들을 깨워 산소마스크를 씌워 줄 것을 동반 승객들에게 지시했다.

이 사고는 승무원이 식사서비스를 진행하고 있을 때 발생했다. 승무원들은 신속하게 점프시트로 가거나 아니면 비어있는 승객 좌석에 앉았다. 그리고는 휴대용 산소통을 어깨에 메고 불편한 승객들을 찾아 도움을 주었다. 비행기가 1만피트로 내려온 다음에는, 모든 승무원은 기내를 돌아다니며 승객들의 상태를 살펴보았다. 모든 상황이 끝난 뒤 일부 승무원은 귀 통증과 두통을 호소하였다.

UNRULY PASSENGER(기내 난동승객)

기내 난동승객이란, 항공기에 탑승하여 승무원의 업무를 방해하는 등 항공기 안전과 승객, 승무원의 안전에 위협과 위해를 가하는 승객을 말한다.

기내 난동의 원인으로는 음주만취가 가장 많고, 정신이상이 그 다음을 이루고 있다. 기내 난동 유형을 보면, ① 기내에서 소란 · 고성, ② 승무원에 대한 폭언 · 폭행, ③ 조종실 출입 시도, ④ 기내시설 파손, ⑤ 승무원의 지시 불이행, ⑥ 기내 흡연, ⑦ 전자기기 사용, ⑧ 승무원, 승객 성추행 등이 있다.

기내 난동은 전 세계적으로 증가추세에 있으며, 각 나라는 자국법에 기내 난동승객을 처벌하는 법 조항을 가지고 있다. 우리나라는 「항공보안법」(제23조)에 승객의 의무협조 규정을 두어 기내 난동 억제정책을 펴고 있다.

「항공보안법」에는 보안검색을 거부하거나, 음주로 인해 소란행위를 하거나 할 우려가 있는 사람에 대해서는 탑승을 거절할 수 있도록 하였다.

국토교통부 자료에 따르면, 우리나라는 최근 5년간(2012~2016년) 항공기내 불법행위가 11배 급증한 것으로 나타났으며 연평균 211건씩 발생하고 있다.[3]

출처 : 조선일보 DB

3_ 비행기내 소란 등 불법행위에 대한 처벌을 강화한 '땅콩회항방지법안(「항공보안법」 개정안)'이 2016년부터 시행되었다. 기내 난동자는 종전벌금 500만 원 이하에서 1천만 원 이하로 처벌이 강화되었다.

"기내난동 최초로 거론되던 날"

1996년 12월 4일 회장이 주관하는 중앙안전회의가 열리는 날이었다. 중앙안전회의는 일 년에 한 번 하는데 운항, 객실, 정비, 운송 등 각 본부별로 안전 주제를 발표하고 토론하며 향후 안전대책 등 주요 회사정책을 수립하는 자리이다.

객실본부에서 안전업무를 책임지고 있는 나는 이 회의가 열리기 며칠 전부터 회의안건 선정을 놓고 고민하였다. 객실에서 벌어지는 여러 안전문제가 있지만, 최종적으로 "기내 난동승객 대처방안"을 회의 주제로 삼았다. 기내 난동은 1990년대 중반에 들어서면서 전 세계적으로 심각한 항공안전을 해치는 문제로 부상하고 있었다. 우리나라도 예외가 아니었다. 항공여행객 수요가 늘면서 기내에는 적잖은 기내 난동 사례가 발생하고 있었다. 기내 난동이란 말조차 있지도 않은 시절이었으니 아무런 대책도 규정도 없었다.

점차 심각해지는 기내 난동 사례들을 회사에 알려서 대응방법을 구해야겠다는 마음에, 회장이 참석하는 중앙회의에 기내 난동을 주제로 한 객실 본부회의 안건을 올렸다. 회의결과 반응이 의외로 좋았다. 회장은 우리가 내놓은 대처방안에 추가하여 음주를 한 승객은 아예 항공기 탑승을 못하도록 하는 강경한 지침을 내렸다.

당시로서는 고객의 탑승을 거부한다는 것은 상상하기 힘든 시절이었다. 이후 객실본부는 전 객실승무원을 대상으로 기내 난동승객 대처방법을 집중교육하고 새로운 규정과 매뉴얼을 제정하였다. 대한항공의 주도적인 기내 난동 규정과 매뉴얼은 몇 년 후 정부에서 관련법과 규정을 만드는 기초가 되었다. 기내 난동이란, 용어를 처음 승무원들에게 교육하며 인식시켜주었던 나는, 일본항공JAL이 채택한 기내 난동승객 대응지침이 지금도 기억에 남는다. '기내 난동승객을 더 이상 고객으로 대하지 말라.'

출처 : 진성현의 『비행스케치』

SMOKE DETECTOR(연기감지기)

Smoke Detector는 화장실에서 흡연을 하여 화재가 발생하는 경우를 예방하기 위해 기내화장실 천정에 장착한 연기감지기이다. Smoke Detector에 의해 연기가 감지되면, 화재경보 신호가 작동되어 기내에 경고음이 울리도록 되어 있다.

Smoke Detector는 미세한 연기입자를 인지하여 작동되는데, 과거의 Smoke Detector는 화재경보신호 오류가 많은 단점이 있어 효능성에 의문이 들 정도였다. 현재는 연기감지 정확도가 높아져 전자담배의 연기까지 인지하는 기능성이 발달되었다. 에어버스사 항공기들은 화장실에 장착된 Smoke Detector가 작동되면, 조종실에서도 알 수 있도록 연동된 기내 화재예방시스템을 갖추고 있다.

최근에는 화장실에서 담배 연기뿐만 아니라 헤어스프레이를 사용하며 뿜어 나오는 다량의 연기도 감지되어 Smoke Detector가 화재경보 신호를 울리는 사례도 있다.

현재 항공기에는 기내화장실과 승무원이 취침을 하는 Crew Rest Area에 Smoke Detector가 있다.

"화장실 흡연 발각"

조용한 기내에 갑자기 '딩딩딩' 소리가 유난히 크게 울린다.
순간 승무원들이 한 화장실로 몰려들었다.
화장실 문 위에 빨간 표시등이 번쩍번쩍 한다.
누군가 화장실에서 담배를 피우고 있음을 알려주고 있는 것이다.
승무원이 화장실 문을 격하게 두들겼다.
"담배 피우시면 안 됩니다. 나오세요."

화장실에서 나온 승객은 모르고 했다며 멋쩍어 한다.
담배를 압수한 승무원이 단호한 어조로 일러줬다.
"기내흡연은 「항공보안법」에 의거 500만 원 이하의 벌금에 처하게 됩니다."
승무원은 벌금보다 기내화재라도 날까봐 그게 더 걱정이었다.
어느 해였던가?
호주 시드니로 향하던 비행기에서 한 승객이 화장실에서 담배를 피웠다. 이를 적발한 승무원이 화장실 쓰레기통을 보니, 황급히 버린 담배꽁초에 휴지들이 검게 그을려 있었다. 불씨라도 있을까 하여 얼른 소화기로 쓰레기통을 진화시켰다. 시드니에 도착한 승객은 공항경찰에 넘겨졌고, 결국 입국도 못하고 추방당했다.

출처 : 진성현의 『비행스케치』

4) 기내 응급처치 장비

EMK : EMERGENCY MEDICAL KIT(비상의료기구)

EMK는 기내에서 발생한 응급환자를 전문적으로 처치하기 위한 의약품 및 의료기구가 들어있는 비상 응급장비로 의사를 포함한 의료인만이 사용할 수 있다. EMK는 기내에 2조가 탑재되고 있으며, 의약품을 사용한 후에는 반드시 보충하여야 한다. 「항공법」 고시에 언급된 규정을 보면, 비행거리가 2시간을 초과하고 승객좌석수가 100석을 초과하는 항공기의 경우에는, 전문의사 또는 비행 중 응급처치 자격을 갖춘 사람이 사용할 수 있는 비상의료용구Emergency Medical Kit를 1조 이상 탑재해야 한다고 되어 있다.

EMK의 주요 의료장비로는 청진기, 주사기, 혈압계, 지혈대, 외과용 마스크, 정맥혈류기 등이 있으며, 주요 의약품은 항히스타민제, 기관지 확장제, 정맥주사용 포도당, 주사용 생리식염수 등이 있다.

FAK : FIRST AID KIT(응급의료기구)

FAK는 기내에 환자발생 시 응급처치하기 위한 의료장비로 의사의 처방 없이 사용이 가능하며, 「항공법」에 의해 기내에 탑재되도록 규정되어 있다. 객실승무원은 비행 전 FAK 탑재 여부를 확인하며, 사용 가능상태가 아닌 것이 발견되면 사무장은 기장에게 보고하여 조치를 받아야 한다. FAK를 사용하기 전에는 반드시 기장에게 알려야 한다.

RESUSCITATOR BAG(수동식 호흡보조기)

Resuscitator Bag은 CPR 및 구조호흡 실시 시 사용되는 여러 보조기구 등을 보관한 것으로, 내용물로는 환자의 호흡을 유도하고 산소를 공급하기 위한 인공호흡용 Bag Valve 마스크와 활력 징후를 측정하기 위해 사용되는 체온계, 혈압계 등이 포함되어 있다. Resuscitator Bag은 EMK 손잡이에 묶여 탑재된다. Resuscitator Bag 내용물은 다음과 같다.

- 인공호흡용 Bag Valve 마스크
- 청진기
- 얼음주머니
- 주사바늘 폐기함
- 수동식 혈압계
- 압박붕대
- UPK

Bag Valve 마스크

호흡을 못하는 환자에게 수동으로 산소를 공급하는 인공호흡용 기구로, 공기주머니(Bag)와 공기주머니와 마스크를 연결하여 공기를 흐르게 해주는 Valve와 산소를 들이킬 수 있는 마스크로 구성되어 있다. 환자 안면에 마스크를 대고 공기주머니를 양손으로 쥐어짜듯이 계속 눌러주면 일정량의 산소가 공급된다. Bag Valve 마스크는 일명 Ambu Bag 이라고도 하는데, Ambu는 Bag Valve 마스크를 최초로 고안한 독일의 Holger Hesse가 세운 회사이름이다.

UPK : UNIVERSAL PRECAUTION KIT(의료보호기구)

UPK는 기내 응급환자를 처치하는 과정에 환자와 접촉하면서 환자의 체액, 혈액 등에 오염될 가능성이 있어 이를 보호하고, 사용한 의료용품을 안전하게 폐기하기 위한 의료보호기구이다. UPK에는 안면과 눈 보호마스크, 보호용 가운, 일회용 의료장갑, 살균타월, 오물처리를 위한 도구, 오물처리 봉투 등이 있다.

환자를 응대 처치한 승무원은 흐르는 물에 비누로 손을 씻거나 피부세척을 위한 수건으로 손을 닦는다. UPK 사용 후에는 객실일지에 사용내역을 기재하여 내용물이 보충되도록 한다. UPK 내용물은 다음과 같다.

- 안면 / 눈 보호마스크
- 보호용 가운
- 일회용 의료장갑
- 피부세척을 위한 수건
- 살균타월
- 액체응고제 / 파우더
- 오물처리를 위한 도구
- 오물수거 봉투
- 혈액매개 감염노출보고서

AED : AUTOMATIC EXTERNAL DEFIBRILLATOR(자동심실제세동기)

AED는 심장활동이 미세하거나 기능이 정지되어 의식이 없는 응급환자에게 심장박동을 복구하는데 사용되는 응급의료기기이다. 응급환자가 ① 무의식 상황, ② 호흡 부재, ③ 맥박의 부재상태임이 확인되면 곧바로 AED를 사용한다. AED 사용은 AED 전원을 켜고, 환자의 웃옷을 벗기고 가슴에 전자패드를 부착한다.

AED에서 나오는 육성의 지시에 따라 제세동 버튼을 눌러 전기충격을 가한다.

민간항공기에는 의무적으로 AED를 기내에 장착하여야 하며, 객실승무원은 정기 안전훈련 시 AED 작동법을 훈련받으며 실기시험에 통과해야 한다.

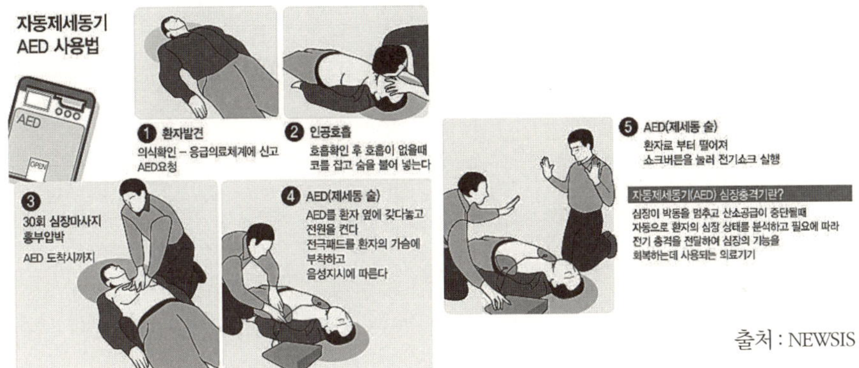

출처 : NEWSIS

3 기내 구조

GLY : GALLEY(기내주방)

겔리는 기내에서 음료와 음식을 준비하는 곳으로, 우리말로 하면 기내주방이라 칭하지만, 엄밀히 말하면 객실승무원들이 승객에 대한 모든 서비스를 준비하는 일종의 승무원 전용 업무공간이다.

겔리에는 승객들이 취식할 기내식을 익히는 오븐이 있으며, 기내식을 승객에게 전달하기 위해 쓰이는 밀카트Meal Cart들이 있다. 음료서비스를 위한 커피메이커와 각종 음료수들이 비치되어 있다. 승무원은 겔리에서 기내식과 음료를 준비하는 기본적인 것부터 이륙 후 또는 때때로 같은 클래스에서 일하는 승무원들이 모여 서비스 진행상황과 승객들의 동향파악을 위한 정보를 나누는 업무공간으로 활용한다. 또한 승무원들이 입국에 필요한 서류 등 관련 문서들을 작성하는 곳이기도 하다. 이같이 승무원이 기내의 여러 가지 일들을 종합적으로 처리하기 위한 필요한 공간이 바로 겔리이다.

겔리는 승객 클래스별로 그 구조가 각각 다르게 만들어진다. 승객이 상대적으로 적은 퍼스트클래스는 겔리 규모가 매우 작으며 대신 고급의 기내식 서비스를 위한 전자레인지, 에스프레소 커피메이커 등의 장비가 설치되어 있다.

겔리의 주요 기본 구성품은 크게 여섯 개로 나눌 수 있다. 첫째는 밀카트, 음료카트, 서빙카트 등 여러 종류의 카트가 있다. 둘째는 서비스용품을 보관하는 Carrier Box가 있다. 셋째는 기내식을 익히는 오븐이 있다. 넷째는 커피, 녹차 등 뜨거운 음료를 만드는 커피메이커가 있다. 다섯째는 음료수를 차게 보관하는 냉장고가 있다. 그리고 쓰레기통이 있다.

Galley Duty

겔리의 서비스 아이템에 대한 확인을 하고 담당서비스 구역의 서비스 절차를 주관하여 진행하는 책임을 갖는 승무원의 업무코드이다. Galley Duty 승무원은 항공사에서 실행한 상위급 서비스 훈련을 이수하여, 서비스 절차가 순서대로 차질 없이 이루어질 수 있도록 겔리에서 서비스에 필요한 준비작업을 한다.

U/D : UPPER DECK(기내 이층객실)

현존하는 항공기 중 Upper Deck을 갖춘 항공기는 보잉 B747과 에어버스의 A380 형식의 기종뿐이다. 항공사들은 Upper Deck을 비중 있는 기내공간으로 여겨 일반적으로 퍼스트 클래스와 비즈니스 클래스로 사용하고 있다. 대한항공은 A380을 도입한 항공사 중 유일하게 Upper Deck을 비즈니스 클래스 전용(94석)으로 사용하고 있다.

A380 기종은 Upper Deck 탑승의 편리성을 도모하여 Upper Deck에도 출입문을 사용하여 승객이 기내계단을 통하지 않고 항공기의 Upper Deck으로 직접 탑승할 수 있도록 설계 제작되었다. 항공사들은 Upper Deck에 고급스런 칵테일 바 라운지 등을 마련하여 항공사 이미지에 도움이 되는 품격 있는 서비스 공간으로 적극 활용하고 있다. 심지어 에미레이트항공사는 Upper Deck에 퍼스트클래스 승객 전용 샤워시설을 갖춰 파격적인 이미지구축을 추구하고 있다.

2층 구조Double Deck의 항공기에서는 아래층 객실을 Main DeckM/D이라고 지칭하여, Upper Deck과 구별하고 있다.

대한항공 A380 U/D 라운지

AISLE(기내통로)

기내통로는 평소에는 사람들이 오가는 길로 이용되나, 비상시에는 탈출통로로 활용된다. 따라서 기내통로에는 어떠한 승객의 짐이나 물건들이 놓여있어서는 안 된다.

기내통로는 비행기 크기에 따라 하나 또는 두 개의 통로가 있다. 하나의 통로가 있는 경우는 Mono(또는 Single) Aisle이라 하고, 두 개의 통로가 있는 것은 Twin Aisle이라고 한다. 보잉사의 대표적인 모노아일 기종은 B737 형식의 비행기이며, 에어버스사는 A320, 321 형식의 비행기이다.

이렇게 아일이 하나인 비행기를 Narrow Body 비행기라고 통상적으로 부른다. 아일이 두 개인 비행기로 보잉사는 B777, 787, 747 기종이며, 에어버스는 B330, 350, 380 등이 있다. 아일이 두 개인 비행기는 Wide Body 비행기라 한다.

Wide Body 비행기는 기내 뒤에서 앞을 보았을 때 왼쪽에 있는 통로를 'LLeft Side'라 하고, 오른쪽 통로를 'RRight Side'라고 승무원들은 부른다. 브리핑 때 사무장이 근무 위치를 L2라고 지정해 주면, 이는 비행기 왼쪽통로 두 번째 비상구라는 뜻이 된다.

기내안전 측면에서는 승객 앞좌석과 뒷좌석 사이도 통로의 개념으로 받아들이고 있다. 비상사태 시 창가쪽 사람이 빠르게 나오기 위한 통로로 보는 것이다. 그래서 좌석 밑에 사람이 나오는데 방해가 되는 짐 같은 물건을 두어서는 안 되는 규정을 둔 이유이기도 하다.

OVERHEAD BIN(기내선반)

오버헤드 빈은 승객좌석 머리 위에 위치한 승객의 짐을 넣어두는 선반을 말한다. 오버헤드 빈은 승객들에게는 좌석과 함께 매우 중요한 공간으로 작용하고 있다.

기내에 설치된 오버헤드 빈은 승객 모두의 짐을 수용하기에는 부족한 현상이 있어, 소형 항공기의 경우에는 오버헤드 빈 공간부족으로 승무원과 승객 모두가 힘들어 한다. 심지어 항공기 출발시간이 다가와도 승객의 짐을 다 넣지 못하여 항공기가 지연 출발되는 사례도 종종 발생한다.

항공기 오버헤드 빈의 형태는 크게 두 가지로 분류할 수 있다. 오버헤드 빈이 아래로 내려오며 열리는 방식이 'Pivoting형' 오버헤드 빈이고, 이와는 반대로 오버헤드 빈을 위로 올려 여는 방식은 'Self형'이라 한다. 최근에 신형 항공기들이 많이 채택하는 오버헤드 빈은 Pivoting 형태가 많다. 항공기 제작업체들은 승객들이 가장 필요로 하는 오버헤드 빈의 형태와 공간 넓이에 대해 막대한 기술력을 투여하고 있다. 에어버스사는 최근에 제작되는 소형 항공기 A320의 기내 오버헤드 빈을 종전보다 60% 더 승객의 짐이 들어갈 수 있도록 효율성을 높인 오버헤드 빈을 선보이고 있다.

비좁은 오버헤드 빈 때문에 승객의 짐을 다 수용할 수 없는 항공사들의 고민을 덜어주기 위해 IATA는 2015년에 기내에 반입할 수 있는 승객의 짐 크기를 지금보다 축소한 규정을 발표하였다가 오히려 여론으로부터 반발을 사 규정을 취소하는 사례도 있었다.

일부 국내선 전용의 오래된 보잉737 소형비행기에는 해트랙Hat Racks이라 불리는 선반이 있다. 해트랙은 말 뜻대로 모자, 코트, 가벼운 짐 등을 보관하는 기능을 가지고 있다. 지금의 기내용 카트가방이 나오기 전에 만들어진 해트랙은 열고 닫는 문이 없다. 열린 공간에 짐을 보관하다보니 안전에 문제가 제기되어 지금은 거의 자취가 사라졌다.

Ceiling Compartmant
갤리나 코트룸 등 항공기 바닥과 접한 구조물이 아닌 객실천정 안에 설치된 수납공간이다. 항공기 비상장비나 기내서비스용 물품을 보관한다.

BULKHEAD SEAT(격벽[칸막이] 좌석)

Bulkhead는 항공기 내를 구역별로 구분하기 위해 세워진 격벽(칸막이) 구조물이다. 전형적인 기내 Bulkhead는 벽 스타일이며, 기종에 따라서는 커튼으로 되어 있다.

대표적인 기내 Bulkhead는 퍼스트 클래스, 비즈니스 클래스, 이코노미 클래스 등 각 클래스를 구분하기 위한 Bulkhead와 겔리와 승객좌석을 나누기 위한 Bulkhead 또는 화장실과 승객좌석을 나눈 Bulkhead 등이 있다.

Bulkhead 좌석은 Bulkhead를 마주한 좌석들을 일컫는다. Bulkhead 좌석의 장점은 앞에 좌석이 없어 공간이 비교적 여유로워 다리를 뻗을 수 있고, 비행 중 좌석을 드나들기가 편한 것이다. Bulkhead 좌석의 단점은 통상 Bulkhead에 유아용 베시넷을 장착하기 때문에 옆 좌석에 유아가 탑승할 경우이다. MEAL

테이블이 팔걸이 안에 들어 있어 MEAL 테이블을 꺼냈다 넣었다하는 것이 불편하며, 개인소지품을 넣는 수납공간이 Bulkhead에 달려 있는 것도 사용하기가 불편한 측면이 있다.

Bulkhead에 공간의 여유가 있어도, 항공기 이·착륙하는 동안에는 승객의 어떠한 짐도 놓을 수가 없다. 심지어 비행 중에 Bulkhead 바닥에 눕는 행위는 안전 규정에 위반되는 것으로 객실승무원으로부터 제지를 받는다.

Bulkhead 좌석을 선호하는 승객이 많으며, 항공사들은 Bulkhead 좌석을 유료화하는 추세에 있다.

EXIT ROW SEAT(비상구열 좌석)

비상구열 좌석은 비상탈출구 바로 옆에 이어져 있는 좌석이다. 즉 비상탈출구로 가는데 장애물이 없어야 비상구 좌석이라 할 수 있다. 비상구 옆에 좌석열이 있어도 그 사이에 칸막이 또는 차단벽Bulkhead이 있어 비상구가 가려지면 그것은 비상구 좌석이 아니다.

비상구열 좌석은 비상탈출 상황발생 시 객실승무원을 도와 승객들을 탈출시

키는데 협력할 승객이 앉는 좌석이다. 따라서 비상구열 좌석에 앉는 승객을 제한하는 규정을 두고 있다. 항공사 승무원은 비상구열 좌석승객이 비상 시 협력할 의사가 있는지 반드시 확인하고, 비상탈출 시 협조할 사항에 대해 안내를 하도록 하고 있다. 국토교통부 운항기술기준 규정에 따르면, 비상구열 좌석에 앉혀서는 안 되는 승객은 ① 비상구나 탈출용 슬라이드 조작을 하는데 체력 또는 양팔이나 두 손 및 양다리를 사용하기가 용이하지 않은 자, ② 만 15세 미만 승객, ③ 다른 승객들에게 정보를 적절하게 전달할 수 있는 능력이 부족한 자, ④ 비상탈출에 관하여 승무원의 구두지시를 이해하지 못하는 자 등이다.

객실승무원은 비상구열 좌석승객이 비상탈출의 기능을 수행할 수 없거나 착석기준에 맞지 않는다고 판단되면 승객을 다른 좌석으로 재배치하여야 한다. 또한 기장은 이같이 비상구열 좌석승객이 올바르게 착석하였는지 객실승무원으로부터 확인을 하고 항공기를 출발하여야 한다.

"승무원 먼저 탈출 오보"

1998년 8월 5일 밤. 칠흑같이 어둡고 비가 쏟아지는 김포공항에 육중한 B747 비행기가 착륙을 시도했다. 비행기는 빗길에 미끄러져 활주로를 이탈하는 사고가 일어났다. 기내는 정전이 되어 어둡고 매캐한 연기가 나 승객들은 공포와 함께 혼란 속에 빠졌다. 승무원들이 기내를 오가며 승객들의 비상탈출을 지시했다.

이 사고 다음 날 아침방송에 눈을 의심케 하는 화면 자막이 떴다. 사고기에서 여승무원이 먼저 탈출(도망)을 했다는 것이다. 그러면서 어느 중년의 여성승객이 그것을 보았다는 말을 인용했다. 해당 여승무원은 억울함에 PC통신에 "저는 사고기에 있었던 승무원입니다."라는 제목의 글을 올렸다. 신입 승무원이었던 그녀는 선배 승무원이 먼저 슬라이드를 타고 내려가 승객을 도우라는 지시에 따랐고, 비행기 밑에서 슬라이드를 타고 내려오는 승객들이 다치지 않도록 돌보았다. 그리고 이것은 사고가 났을 때 승무원이 수행하는 안전 규정에 따른 것이었다.

그런 규정을 모르는 승객이 승객보다 먼저 기내를 벗어난 승무원이 있었다고 방송기자와 인터뷰하면서, 방송은 사실 확인 없이 승무원이 마치 도망을 간 것처럼 방영된 것이다. 당시 안전업무를 담당하던 나는 그 승무원과 함께 ○○○신문사 등 서울의 여러 언론사를 찾아다니며 적극 해명을 하였다. 심지어 당시 유명했던 '주병진 토크쇼' TV에 승무원이 직접 출연하여 억울한 심정을 토로하며 국민들에게 해명을 하였다. 다행인 것은 사고 일주일 후에 나온 시사잡지들에는 정확하게 승무원의 해명과 안전 규정을 소개하는 기획기사들 덕분에 처음 보도된 내용은 오보였다는 것이 밝혀졌고, 승무원은 억울함을 풀 수가 있었다.

이 사고 이후에 비상구열 좌석 규정이 만들어지면서, 이제는 승무원이 아닌 비상구 좌석 승객이 승무원의 지시와 협조 하에 그 역할을 할 수 있는 것으로 법 규정이 만들어졌다.

CREW REST AREA(승무원 휴식공간)

기내에 승무원이 취침 등 휴식을 할 수 있는 Crew Rest Area가 있다. 항공기에는 조종사들이 취침할 수 있는 Crew Rest Area와 객실승무원이 이용하는 Crew Rest Area가 구분되어 있다. 조종사 전용 Crew Rest Area는 조종실 내부에 위치하고 있으며, 객실승무원의 Crew Rest Area는 기내 중간 또는 후방에 있다.

Crew Rest Area는 승객의 좌석수에 영향을 주지 않으면서, 화재 및 안전을 고려하여 위치를 선정하다보니, 주로 기내 천정 또는 기내 바닥의 화물칸 부근에 있는 것이 특징이다.

보잉사 비행기는 대부분 기내 후방 천정 쪽에 객실승무원용 Crew Rest Area가 위치하고 있으며, 에어버스 비행기는 기내 중간 아래 화물칸 쪽에 있어 두 제작사가 객실승무원용 Crew Rest Area 위치를 다르게 하고 있다.

Crew Rest Area에는 화재발생 시를 대비하여 자동소화기 및 화재경보 장치가 설치되어 있다. Crew Rest Area는 승무원을 제외한 외부승객의 출입을 엄격히 금지하고 있다. 1980년대의 여객기는 B747 대형 비행기를 제외하고는 대부분의 비행기들이 Crew Rest Area가 기내에 없어 장거리 비행을 하는 승무원은 미리 승객좌석을 배정받아 좌석에 'Crew Seat'라는 스티커를 붙이고 커튼을 닫아 사용하였다. Crew Rest Area 시초는 조종사의 누적된 피로가 항공기 사고원인 중의 하나라는 사실에서 이를 개선하기 위한 조치로, 조종사는 취침을 할 시 반드시 180도로 누울 수 있는 평평한Flat 시설을 갖춰야 한다는 안전규정이 발효되면서부터이다. 이후 조종사를 위한 Crew Rest Area가 점차 객실승무원에게까지 확대되어 오늘날에 이르게 되었다.

전통적으로 Crew Rest Area를 기내 아래에 설치했던 에어버스사가 처음으로 A350XWB 기종에는 보잉사를 벤치마킹하여 Crew Rest Area를 기내 꼭대기(천정)에 위치하도록 하였다.

객실승무원의 Crew Rest Area에는 8개의 벙커(침상)를 구비하였고, 승무원이 완전히 일어설 수 있는 높이를 갖춰 승무원이 용모를 다시 단장하는데 편안한 구조를 갖추었다.

A350XWB 기종의 Crew Rest Area는 승객 좌석수에 전혀 영향을 미치지 않아 항공사 수익에 도움이 되는 구조이며, 좌석배열에 매우 효율적인 형태로 만들어졌다는 것을 에어버스사는 강조한다.

COMPT : COMPARTMENT(기내보관공간)

COMPT는 기내에 승무원들이 전용으로 사용하는 각종 물건들을 보관하는 공간이다. 컴파트먼트는 주로 겔리 외벽에 많이 위치하고 있는 것이 특징이다. 컴파트먼트는 두 가지 개념에서 보면, 비어있는 컴파트먼트는 승무원 전용으로 사용되고, 또 다른 컴파트먼트는 기내안전장비들이 들어있는 것이다.

승무원은 자신의 개인휴대품 중 비행 중에 사용하는 에이프런, 약통, 화장품 파우치 등을 자신만의 특정 컴파트먼트에 보관하기도 한다. 승객 좌석에 비치해야 하는 기내잡지, 안전카드, 서비스기물 등을 보관하는 컴파트먼트도 있다. 반면에, 안전 측면에서는 소화기, 산소통 등이 들어있는 비상장비 보관 전용 컴파트먼트가 있다.

기내에 여러 형태의 컴파트먼트는 승무원이 승객탑승 전 실시하는 기내안전 및 보안점검 때 반드시 확인 점검해야 하는 중요한 곳이기도 하다.

C/BOX : CARRIER BOX(운반형 보관함)

캐리어박스는 기내에서 서비스로 사용되는 각종 물품들을 담아 보관하는 운반형 철제보관함이다. 캐리어박스는 겔리 내에 위치하게 되며 그 안에 보관되는 물품들에 따라 승무원이 구분하여 사용하고 있다. 예를 들면, 주스류를 보관한 캐리어박스, 플라스틱컵, 종이컵 등 컵만을 담은 캐리어박스, 땅콩과 스낵류가 있는 캐리어박스, 기내 면세품을 넣어둔 캐리어박스 등 수십 가지의 물품을 구분하여 기내에 탑재되고 있다.

비행기 크기와 탑승객수에 따라 탑재되는 캐리어박스의 종류와 수가 약간씩 다르게 탑재 운영된다. A380같은 초대형 항공기의 이코노미클래스에는 많게는 40개가 넘는 캐리어박스가 실리기도 한다. 이렇게 많은 캐리어박스에 무엇이 있는지 미리 확인하지 못하면, 서비스 중에 승객에게 제공되는 물품을 찾지 못해 우왕좌왕하는 사례가 종종 발생한다.

4 기내 시스템

HANDSET(핸드셋)

Handset은 전화기와 같은 기능을 가진 통화기기로, 항공기 내에서 사용되는 Handset은 승무원을 호출하고 통화할 수 있는 인터폰 기능과 기내방송을 하는 수단으로 겸용하여 이용되고 있다. Handset에는 번호와 영문 알파벳이 있어 항공사가 지정한 번호로 승무원을 호출하고 기내방송 역시 지정된 번호를 눌러 사용한다. 또한 객실승무원과 기장하고 상호연락을 취할 수 있다. 기장은 정형화된 보고사항에 대해서는 통화하기보다는 사전에 약정된 번호만을 눌러 간편하게 사용하는 경우도 있다. 예를 들면, 사무장의 이륙준비 완료 보고를 기장에게 직접 구두로 하는 대신 Handset의 약정된 번호를 눌러 기장이 알 수 있도록 하기도 한다.

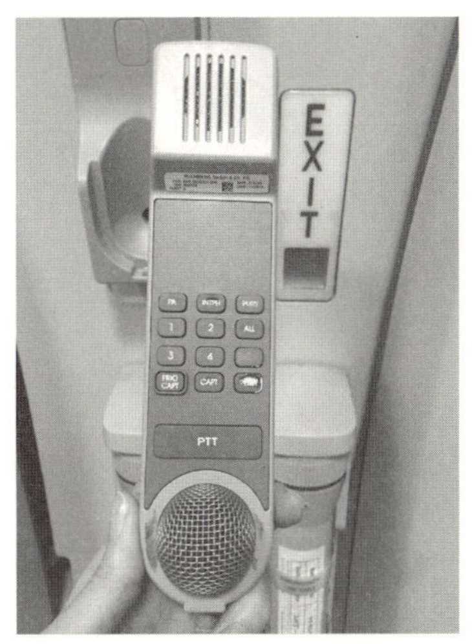

Handset은 기내안전과 관련해서도 매우 중요한 기능을 가지고 있다. 이 · 착륙 중에 응급환자가 발생했다든지 화재와 같은 비상상황이 발생되었을 때 사무장이 기장에게 긴급신호 또는 비상신호를 보내는 수단으로도 활용되고 있다.

Handset은 항공기마다 사용번호가 다르며, 승무원 전용좌석인 점프시트와 겔리 내에 장착되어 있다. Handset으로 승무원을 호출하면 해당구역의 점프시트 천정에 빨간 불빛이 점멸하고 동시에 '띵동' 하며 Chime이 울리도록 되어 있다.

Priority Call(우선통화)

Priority Call은 이미 통화 중에 있다하더라도 그 통화보다 우선하여 연락을 하기 위해 사용하는 신호이다. 사용방법은 A380 기종은 Handset의 'Prio'라고 쓰인 버튼을 누른 후 사용하게 되며, B747 기종은 약정된 번호와 알파벳 'P'를 누르면 된다.

All Call(전승무원 호출)

All Call은 Handset을 이용하여 기내의 전 승무원을 동시에 호출하는 것이다. 주로 기장이나 사무장이 한 번에 알려줘야 할 사항이 있을 시 시행한다. 비행 중 기장이 심각한 Turbulence가 예상되면 모든 승무원에게 경각심을 주려고 All Call을 하는 경우가 있다. 사무장이 All Call을 하는 사례는 항공기 출발 전 실시하는 도어모드 변경을 할 때이다. 도어모드 방송이 끝나면, 사무장은 All Call을 통해 승무원들로부터 도어모드 변경여부를 보고받는다.

PA : PUBLIC ADDRESS(기내방송)

출처 : 유튜브

PA는 일반적으로 마이크로폰이나 확성기로 대중에게 방송을 하는 시스템을 일컫는다. 항공기 기내에는 승객들에게 여러 가지 기내상황에 대해 방송을 하기 위한 PA시스템을 갖추고 있다. 항공기의 승무원 전용좌석(점프시트)에는 PA를 할 수 있는 핸드셋Handset이 장착되어 있다. 이 핸드셋을 이용하여 승무원은 기내안전에 대한 안내방송, 승객 환영방송, 항공기 이륙방송, 기내 면세품방송 등 다양한 방송을 하고 있다.

PA를 하고자 할 때는 Handset의 'PTT'라고 쓰인 버튼을 누르고 사용한다. PA 사용에는 기장의 PA가 여러 방송 중 가장 우선순위를 갖고 있다. 다른 승무원이 기내방송 중이라도, 중간에 기장이 PA를 하면 기장의 방송이 우선하여 나오도록 시스템화 되어 있다.

기내방송의 우리말을 다른 식의 영어 표현에는 In Flight Announcement라고 있는데, 이는 기내에서 하나의 방송을 하는 행위 그 자체를 두고 하는 말이다. PA는 기술적이고 절차적인 측면의 기내방송 전체를 다룬 시스템이라 할 수 있다. 승무원이 실질적으로 기내방송의 의미로 사용하는 용어는 PA이다.

PRAM : Pre-recorded Announcement and Music(기내자동방송)

Pre-recorded Announcement는 사전에 파일 또는 테이프로 방송 문안을 녹화 저장하여 필요 시 해당방송의 번호만 누르면 자동으로 방송이 나오는 것을 말한다. Pre-recorded Announcement는 첫 번째로는 안전 관련한 방송들로 구성되어 위급한 상황 시 승무원이 직접 방송을 할 시간이 없고 신속하게 전달하여야 경우를 대비한 방송이다. 예를 들면, 비상착륙 방송, 터뷸런스 방송 등이 있다. 다음으로는 러시아, 프랑스, 체코, 몽골, 중국 등 제3 외국어 방송문을 저장하여 해당국가로 비행할 시 그 나라 승객들을 위한 안내방송을 하는 목적으로 운영하고 있다.

"기내방송 오작동"

2011년 초여름 어느 날 7박 8일의 긴 비행근무 마지막 노선인 우즈베키스탄의 타슈켄트에서 인천으로 오는 A330 비행기 내에서의 일이다. 기내는 어느덧 첫 번째 식사서비스가 끝나고 승객들이 휴식과 취침을 하는 시간이었다. 기내 뒤편의 일반석에는 중년의 한국인 단체승객들이 앉아있었다. 대부분 동행들과 대화를 나누고 일부승객은 좌석 앞 스크린을 보며 영화를 시청하고 있었다. 객실승무원들은 주로 겔리에 머물며 다음서비스 준비를 하고 있었다. L1 도어에는 사무장과 시니어승무원이 기내서비스 분위기에 대해 대화를 나누고 있을 때였다. 그때 기체가 흔들렸다. 동시에 기내에는 좌석벨트 사인이 들어왔다. 이런 상황에서는 방송담당승무원이 터뷸런스 안내방송을 하여야 한다. 그 틈에 사무장과 함께 있던 시니어승무원이 갑자기 L1 도어 판넬에 있는 Pre-recorded Announcement의 번호를 눌렀다. 아마도 방송담당승무원이 터뷸런스 방송을 빨리 하지 않으니, 급한 마음에 Pre-recorded Announcement로 터뷸런스 방송안내를 하려는 생각이었던 모양이다. Pre-recorded Announcement에 의한 자동방송이 기내 전체에 울려나왔다. 방송을 듣는 순간 깜짝 놀랐다. 비행기가 비상착륙한다는 방송이었다. Pre-recorded Announcement의 터뷸런스 방송으로 표기된 번호를 눌러야 하는데, 엉뚱하게 비상착륙방송 번호를 누른 것이다. 비행기 뒤에서 근무하는 승무원이 달려왔다. 승객들이 불안해하며 어쩐 일이냐고 웅성대고 있다는 것이다. 사무장은 얼른 정정방송을 하였다. 취침시간대라 그런지 다행히 못들은 승객들도 많았다. 뒤편의 단체승객들이 가장 불안해했다. 사무장과 승무원들은 승객들에게 일일이 사과드리며 방송 실수였음을 알렸다. 그 이후 Pre-recorded Announcement 조작은 사무장만이 하도록 새로운 규정이 나왔다.

PSU : PASSENGER SERVICE UNIT(승객편의시스템)

PSU는 항공기 내에서 승객의 편의를 위해 좌석 팔걸이 또는 승객 머리 위 선반에 달려 있는 독서등, 승무원 호출버튼, 스크린 작동 핸드셋, 헤드폰 잭, 좌석 등받이 조절버튼 등의 여러 기능이 장착되어 있는 설비를 총체적으로 표현한 용어이다.

IFE : INFLIGHT ENTERTAINMENT(기내오락시스템)

IFE는 기내에서 영화, 음악, TV 등 승객이 개별적으로 보고 듣는 것이 가능한 오락설비 및 오락프로그램을 통틀어 말한다. 대표적인 IFE 설비는 좌석마다 설치된 스크린이다. 좌석스크린을 통해 영화, 음악, 뉴스, 게임, TV, 에어쇼, 항공정보 등을 승객은 비행 중 어느 때고 선택하여 시청할 수 있다.

최근 항공사의 서비스경쟁력은 최신 오락설비와 프로그램을 갖춘 IFE 성능에 달려있다. 항공사들은 경쟁적으로 100여 편이 넘는 영화 프로그램과 100여 곡이 넘는 다양한 장르의 음악, 성인과 아이들 모두 즐길 수 있는 게임프로그램 등을 정기적으로 교체하며 최상의 콘텐츠를 갖춘 IFE를 승객에게 제공하고 있다.

기내 IFE는 하나의 대형스크린을 통해 승객이 동시에 시청하던 1920년대 기

출처 : Travel Story

내 영화부터 시작해서 최근에는 WiFi, 모바일폰, 태블릿 PC, 기내 위성전화, e-북 등 첨단 전자기기를 사용하는 수준까지 진화되어왔다.

최첨단 항공기는 항공기 외부에 카메라를 장착하여 기내 좌석스크린을 통해 항공기가 이·착륙하는 과정을 실시간으로 볼 수 있는 영상을 제공하고 있다.

현재, 항공기 IFE 및 WiFi를 개발하고 있는 대표적인 항공 전자설비 제조사는 파나소닉Panasonic과 탈레스Thales, 온에어On Air, 고고Go-Go가 있다.

AVOD(Audio & Video On Demand)

AVOD는 기내에서 비행 중 승객이 원하는 시점에 원하는 오락프로그램을 선택하여 이용할 수 있는 시청각시스템을 말한다. 기내 좌석 스크린은 터치식과 리모트컨트롤을 통해 원하는 프로그램을 선택한다. 스크린은 클래스별로 차별화하여 상위 클래스일수록 스크린의 화면이 크다.

Air Show(항공지도정보시스템)

에어쇼는 IFE 프로그램 중의 하나로 좌석 스크린을 통해 항로상의 세계지도가 나오면서 그 지도 위로 항공기가 날아가고 있는 비행경로와 고도, 속도, 외부 온도, 비행시간, 도착 예정시간, 운항거리 등을 실시간으로 보여주는 항공지도정보시스템(Moving Map System)을 가리키는 용어이다.

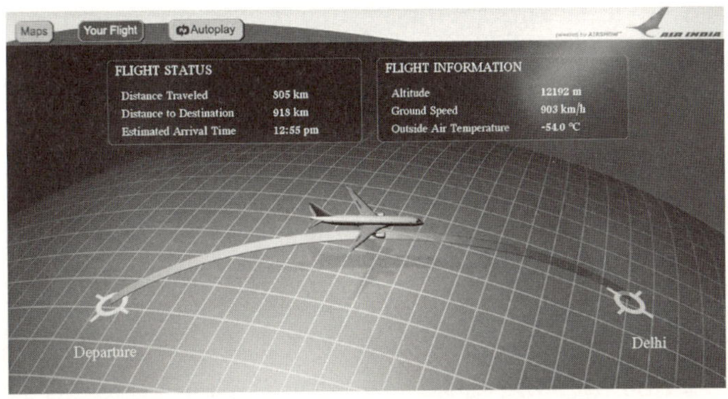

출처 : Bangalore Aviation

ASP : ATTENDANT SWITCH PANEL(승무원 스위치 패널)

ASP는 객실승무원이 기내방송 및 승무원 간 인터폰을 하기 위한 핸드셋이 있으며, 도어사이드의 조명을 조절하는 라이트Light 버튼이 있는 설비를 말하며, 기내의 모든 도어사이드에 설치되어 있다. 객실사무장이 위치하는 항공기 맨 앞쪽의 도어에는 조작기능이 더 부가하여 설치되어 있다. 비상탈출 신호버튼과 겔리작업 조명버튼, 비상탈출 조명등을 조작할 수 있다. 참고로, 에어버스 제작 항공기에는 ASP와 똑같은 기능의 설비를 AIPAttendant Indication Panel로 부른다.

ISPS : INSEAT POWER SUPPLY(좌석전원 공급장치)

ISPS는 승객좌석에 장착된 전원 공급장치이다. 비행 중에 승객 개인의 노트북, 태블릿 PC 등 전자기기에 전원을 공급하여 기내에서 사용이 가능토록 서비스하는 장치이다.

ISPS는 다양한 형태의 전원플러그 사용이 가능하도록 멀티 타입의 커넥터Connector로 되어 있다. 제공되는 전원은 110볼트이며, 각 좌석 당 공급 가능한 전력은 100VA(볼트암페어)로 제한한다. 항공기에서 제공할 수 있는 전력을 초과할 경우 일부 ISPS에서는 전기가 공급되지 않을 수 있다.

ISPS는 항공기 도착 사인이 기내에 들어오면 승객의 노트북이나 휴대용 전자기기의 전원플러그를 ISPS에서 제거할 수 있도록 안내한다.

BSCT : BASSINET(아기요람)

베시넷은 2세 미만의 아기가 누울 수 있도록 항공사가 무료로 제공하는 아기요람이다. 항공사들은 베시넷을 이용하는 아기의 키와 몸무게에 대한 제한 규정을 두고 있다. 항공사마다 보유한 베시넷의 형태와 사이즈가 달라서 몸무

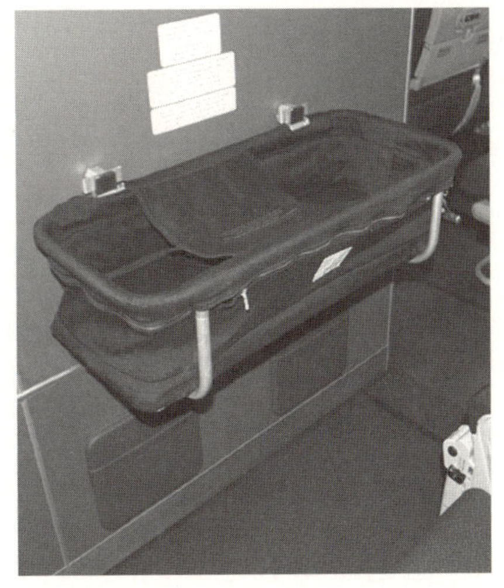

게와 키에 대한 규정이 다르게 적용되고 있다(항공사의 평균적인 제한 범위는 몸무게는 11kg, 키는 75cm 이내로 해야 한다).

베시넷은 항공기 출발 24시간 전에 예약을 해야 하며, 기내에서는 항공기가 이륙한 후에 승무원이 제공하며 착륙 전에 다시 승무원이 회수한다.

항공기 내에는 베시넷을 장착할 수 있는 좌석이 소형기종은 2개 밖에 없으며, 중·대형 항공기는 6~10개로 제한되어 있어 선착순 예약 신청으로 베시넷을 제공받게 된다.

항공기가 난기류로 흔들려 좌석벨트 사인이 들어오면 동반부모는 아기를 베시넷에서 꺼내어 아기를 직접 안고 있어야 한다. 유럽항공사들과 유럽의 안전규정EASA을 따르는 일부 항공사는, 아기전용벨트가 제공되어 어른의 좌석벨트와 연결하여 사용할 수 있다.

LOCKING(잠금 / 고정)

Locking은 단어 뜻 그대로 '잠금' 또는 '고정한다'는 의미로 쓰인다. 기내에는 이동하는 물체들, 특히 카트에는 Locking 장치가 있다. 또한 물품을 보관하는 모든 공간에는 Locking할 수 있는 레버Lever가 있다.

국토교통부 운항기술기준(8.1.12.12)에 나와 있는 객실물품의 고정Securing of Items of Mass in Passenger Compartment에 관한 규정을 보면, ① 기장은 지상이동, 이·착륙 및 난기류 기상상태가 발생할 경우를 대비하여 객실물품이 적절히 고정되어 있는지를 확인하고 항공기를 이·착륙시켜야 한다. ② 기장은 승객서비스

수레를 원위치에 고정시키지 아니하고 항공기의 지상이동, 이 · 착륙을 하여서는 아니 된다고 되어 있다. 그만큼 항공기 승객과 승무원의 안전을 위해 Locking이 얼마나 중요한지를 강조하고 있다.

이러한 규정에 맞춰 객실승무원은 이 · 착륙 전 겔리에 있는 카트 등 모든 이동물체들과 서비스용품 보관 컴파트먼트Compartment에 Locking을 하고 있다. 또한 비행 중 서비스를 위해 카트이동을 하다가 잠시 멈추고 세워놓을 때도 반드시 카트 하단에 있는 빨간색의 Locking 페달을 밟아 카트가 움직이지 않도록 고정해야 한다.

객실승무원들은 매 비행에 앞서 사무장으로부터 비행 중 Locking을 잘 해달라는 주의를 자주 듣게 된다. 또한 비행 중에는 사무장이 Locking을 잘하고 있는지 감독하기도 한다.

LRBL : LEAST RISK BOMB LOCATION(폭발물피해 최소구역)

LRBL은 기내에 폭탄Bomb 또는 폭발장치Explosive Device가 폭발하는 경우, 항공기상에 영향을 최소화하기 위한 장소를 말한다. 항공사와 항공기 제작업자는 조종실과 엔진에서 멀리 떨어진 항공기 오른쪽 맨 뒤의 도어를 폭발물 피해 최소구역으로 지정하고 있다.

기내에 폭발물 또는 폭발물질로 의심되는 물건이 발견되었을 시 승무원은 폭발물을 LRBL로 옮겨와 만일의 폭발에 대비하여야 한다. 이때 절차로는 먼저 해당 도어 모드를 Disarmed로 변경하고, 승무원 또는 승객의 짐을 기내 바닥부터 도어 중단까지 쌓아놓고 그 위에 방폭담뇨로 폭발물을 감싸놓은 뒤 다시 짐 또는 젖은 담요, 옷가지 등을 도어 상단 위까지 올려놓는다. 이렇게 폭발물을 완전하게 감싸놓아 폭발 시 충격을 완화하도록 조치한다.

CABIN LOG(객실일지)

CL은 기내에 안전보안 장비, IFE시스템, 기내방송시스템, 겔리 장비, 승객좌석, 화장실 등 각종 장비와 시설물에 결함 및 고장이 발생하는 경우와, 그러한 장비를 사용한 경우 등에 대해 기록을 남기는 문서관리대장이다.

CL 작성의 책임은 사무장에게 있으며, 기내결함 및 고장 등 CL에 기재된 사항들에 대해 항공기가 도착하여 다시 운항되기 전까지 정비사로 하여금 재정비 또는 보충하여 기내의 모든 장비와 시설물이 원래의 상태대로 복원되어 정상적으로 사용 가능하도록 정비하는데 작성의 목적이 있다.

객실담당 정비사는 CL에 기재된 사항들에 대해서는 반드시 원상복구하였음을 발생 항목란 옆에 조치결과 기록을 남겨야 하는 규정을 가지고 있다. 만약에 열악한 공항의 여건상 부품의 부족 또는 전문 정비인력의 부재 등으로 불가피하게 조치가 될 수 없는 경우라 할지라도 정비 조치를 위해 시도한 최소한의 사항에 대해 기록해야 한다. 사무장은 비행 전 가장 먼저 CL의 기재사항을 파악하여 기내설비에 문제가 있는지 정비사와 확인하는 절차를 수행한다.[4]

Defer(정비조치유예)

Defer는 정비 조치해야 할 사항 중에 항공사의 여건상 부품의 재고상태와 부품조달기간 등을 참작하여, 규정에 의거 일정기간 조치를 유예하여 그 기간 동안은 개선 조치되지 않아도 운항이 가능하다는 것을 의미하는 용어이다. 따라서 정비사는 기내 CDL에 기재된 사항 중 즉시 개선이 어려운 사항은 항공사 차원에서 Defer되었음을 CDL에 기록한다.

4_ 대한항공의 Cabin Log은 Cabin Discrepancy List로 부른다.

5 기내 서비스

DRY ITEM

기내에서 Dry Item으로 불리는 물품들은 기내식과 음료를 제외한 대부분의 서비스용품을 망라하여 지칭한다. 사전적 의미의 Dry Item은 물기가 없는 물건들을 말하는데, 항공기 내에서는 승무원들이 승객에게 제공되는 아이마스크Eye Mask, 이어플러그Ear Plug, 칫솔, 치약, 볼펜, 각종 안내스티커, 냅킨, 화장실용품 등 수십 가지의 용품들을 총칭하여 말한다.

객실승무원은 기내에 탑승하여 서비스물품의 탑재상태를 확인하는데, 빠트리지 않고 반드시 확인하여야 할 품목이 Dry Item의 종류와 수량들이다.

AMENITY KIT

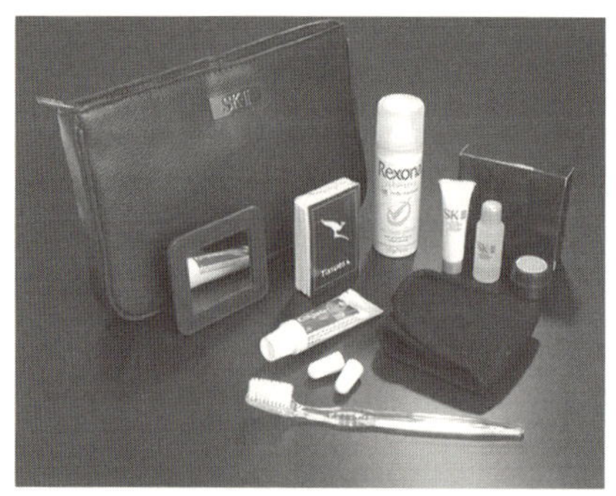

즐겁게 또는 기쁘게 해준다는 어원을 갖고 있는 Amenity는 항공사가 장거리비행에 지친 승객들에게 격조 있고 고급스런 서비스를 제공하기 위한 것으로, Amenity Kit 안에는 아이마스크Eye Mask, 영향크림, 핸드크림, 면도크림, 치약, 칫솔, 면도기 등이 담겨 있다.

항공사들이 상용 고객유치 경쟁에서 빼놓지 않는 서비스용품이 Amenity Kit 이다. 항공사는 보다 고급스런 품질의 제품을 서비스하기 위해 세계적으로 유명한 브랜드의 화장품들을 무료로 서비스하고 있다.

대한항공, 카타르항공, 터키항공은 일반석까지 Amenity Kit을 제공하고 있는 것으로 알려져 있다. 이 밖에 남성과 여성 승객을 구분하여 Amenity Kit을 제공하는 항공사도 있고, 오스트리안항공처럼 일반석 승객에게 Amenity Kit을 판매(5유로)하는 항공사도 있다.

ON DEMAND SERVICE

On Demand Service는 항공사가 정해진 시점에 맞춰 전 승객 대상으로 일괄 서비스하는 방식과는 다르게, 승객 개인 취향에 따라 승객이 원하는 시점에 원하는 서비스를 개별적으로 제공하는 고객맞춤형 서비스방식을 말한다. 주로 퍼스트클래스에서 시행하고 있다.

IN BETWEEN SNACK

In Between Snack은 기내에서 제공되는 정규식사서비스가 두 번 있는 장거리비행기에서 앞 · 뒤 식사서비스 중간에 승객들에게 제공되는 간단한 간식서비스를 말한다. In Between Snack에는 김밥, 쿠키, 피자, 빵 등이 있으며, 주로 첫 번째 식사가 끝나고 두 번째 식사 전에 제공한다.

PRESENTATION SERVICE

퍼스트클래스 및 비즈니스 클래스에서 기내식을 Serving Cart에 차려서 제공하여 다양한 기내식을 보여줌으로써 승객이 원하는 메뉴를 직접 선택할 수 있도록 하는 서비스방식이다. 특히 퍼스트클래스는 서비스 시작단계부터 승객에게 제공되는 모든 서비스를 승객이 직접 보고 선택하는 Presentation방식으로 이뤄져 있다. Presentation서비스는 승객에게 시각, 청각, 후각적 차원에서 승객이 승무원으로부터 고급스런 서비스를 받고 있다는 것을 느끼게 해 주는 품격과 품위를 나타내는 고급 서비스방식이다.

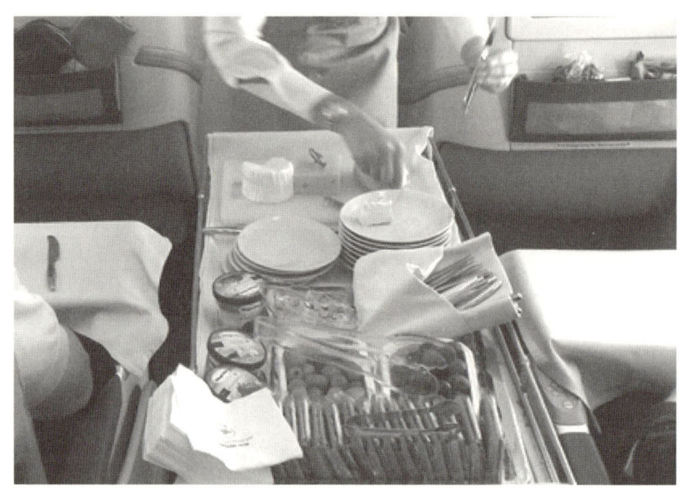

Serving Cart
기내에서 객실승무원이 승객에게 기내식을 비롯하여 각종 서비스용품을 보여주면서 서비스하기 위해 사용되는 Cart의 일종이다. 항공기 전용 Serving Cart는 접혀지도록 구조되어 있어, 사용 후에는 반드시 접어 원래 보관되어있던 공간에 재위치되도록 한다.

Tray Basic Service
객실승무원이 승객에게 서비스되는 물, 음료, 그리고 간단한 서비스물품 등을 제공할 시 Tray에 준비하여 진행되는 서비스방식이다.

SPML : SPECIAL MEAL(특별기내식)

스페셜 밀은 우리말로 '특별기내식'이라 한다. 영어 약어로 SPML이라 하는데, 승무원은 기내에서 SPML 승객현황을 잘 파악하고 서비스하여야 한다. SPML

제공이 안 되어 고객으로부터 불만을 받는 사례가 종종 발생하기 때문이다.

SPML이란 건강, 종교, 연령 등의 이유로 일반 기내식을 취식하지 못하는 승객을 위한 별도로 준비된 기내식을 뜻한다. SPML 주문은 항공기 출발 24시간 전까지 가능하다.

SPML의 종류로는 채식주의자가 선호하는 VLMLVegetarian Lacto-Ovo Meal, VGMLVegetarian Vegan Meal, VOMLVegetarian Oriental Meal, AVMLVegetarian Hindu Meal 등이 있다. 종교식으로는 HNMLHindu Meal, MOMLMoslem Meal, KSMLKosher Meal 등이 있고, 건강식으로는 LFMLLow Fat Meal, DBMLDiabetic Meal, BLMLBlend Meal, LSMLLow Salt Meal, GFMLGluten Intolerant Meal 등이 있다. 영 · 유아식으로는 IFMLInfant Meal, BBMLBaby Meal, CHMLChild Meal, 기타 특별식에는 SFMLSeafood Meal, FPMLFruit Platter Meal, SPMAAnniversary Cake 등이 있다.

객실승무원이라면 SPML의 종류와 특성에 대해 잘 알고 있어야 하며, 서비스 할 때 차질이 없도록 주의를 기울여야 한다.

주요메뉴 용어

용 어	내 용
Anchovy	작은 멸치와 같은 물고기를 소금에 절여 젓갈처럼 만들어 먹는다.
Au Jus Sauce	고기를 Roast 할 때 나오는 맑은 육즙
Aperitif	식욕을 돋우기 위해 식전에 마시는 알코올음료
Appetizer	식욕을 돋우기 위해 식사 초반에 제공되는 소량의 음식, 전채
Braise	고기나 야채에 약간의 기름으로 볶은 다음 물, 우유, 크림을 넣고 오래 끓이는 것. 일종의 찜
Broil	굵은 석쇠를 이용하여 직접 불에 굽는 방법
Broche	산적, 꼬치구이
Bisque	조개류, 갑각류를 이용한 수프
Canape	빵조각이나 크래커 위에 캐비아, 안초비, 연어 등 각종 재료들을 얹어 먹는 음식
Caviar	철갑상어알

용 어	내 용
Celestine	달걀과 밀가루를 반죽하여 만든 밀전병을 가늘게 채 썬 것
Coq Au Vin	프랑스 중부지방의 요리로 닭껍질을 벗기지 않고 Red Wine을 사용한 닭찜
Croquette	감자에 버터를 넣고 난황을 섞어 식힌 후 빵가루를 입혀 튀긴 것
Custard	우유와 설탕, 달걀반죽을 끓인 후 버터와 향료를 넣고 저으며 식힌 것
Condiment	겨자, 후추 등 향료나 양념류
Consomme	두 가지 이상의 고기류나 야채류를 삶아 간을 맞추어 걸러낸 맑은 수프
Entrée	Appetizer와 디저트 사이에 나오는 Main Course Meal을 뜻함
Foie Gras	지방질이 많은 거위간으로 만든 요리로서 대표적인 Appetizer임
Fillet	육류나 생선의 안심
Grill	Broil과 같은 의미임. 석쇠구이하여 굽는 것
Garnish	음식이나 칵테일을 Colorful하게 장식하는 것
Gratin	빵가루를 씌워 갈색이 나게 굽는 것
Kosher Meal	히브리어에서 파생된 말로, 유태인 「음식물금기법」에 따라 조리된 유태정교 신봉자들의 식사. 유태인이 요구하는 대표적인 Special Meal임
Liqueur	식후에 마시는 입가심 술로, 작은 잔에 소량씩 마신다. 달고 도수가 높다.
Liquor	주류를 통칭하는 말로 쓰면 정확하게는 증류주를 말함
Mignon	'섬세한, 작은'이란 뜻
Pate	고기, 생선, 야채, 과일 등을 갈아 반죽하여 오븐에서 구워 차게 또는 따뜻하게 먹는 파이의 일종
Piccata	밀가루와 달걀반죽을 입혀 지져낸 것
Quiche	크림, 달걀, 햄, 버터 등으로 만든 달걀찜 형태의 파이
Roast	오븐 속에 넣어 전기열이나 숯불로 굽는 것
Saute	팬에 기름을 두르고 재료를 강한 불에서 빠르게 익히는 일종의 지짐 또는 부침
Stew	물을 조금 붓고 약한 불에서 천천히 오래도록 끓이는 것
Salami	매콤하고 짠맛이 나는 이탈리아식 소시지
Savory	Main Course 전 · 후에 먹는 소량의 음식
Stir	얼음과 술, 음료 등을 저어서 섞는 것
Straight	Hard Liquor를 아무것도 섞지 않고 그대로 마시는 것
Sundae	시럽, Nuts, 과일 등을 얹힌 아이스크림
Tart	과일로 속을 채운 작은 파이
Vermicelli	길고 가늘게 썬 이탈리아식 국수

기내방송 주요용어

기내방송은 항공기 운항 중에 발생하는 상황에 대해 승객에게 전달하고 안내하는 Communication 중의 한 가지 수단이다. 기내상황에 대해 적시에 적절한 기내방송은 승객에게 편안함과 신뢰감을 주는 중요한 서비스이다. 기내방송에 자주 쓰이는 용어를 미리 알아두고 익숙해지는 것이 객실승무원이 갖춰야 할 기본자세이다.

용 어	영 어
감압	Decompression
강한 바람	Strong Wind
강한 뒷바람	Strong Tailwind
강한 맞바람	Strong Head Wind
검역	Quarantine
결항	Flight Cancellation
고도	Flying Altitude
관제탑	Air Traffic Control Tower
공중납치	Hijacking
공중대기	Circulation
공항라운지	Airport Lounge
공항버스	Ramp Bus
공항혼잡	Airport Congestion
급유	Fueling
기내온도	Cabin Temperature
기상조건	Weather Condition
기절	Faint
기체손상	Aircraft Demage
귀중품	Valuable
눈보라	Snowstorm
따뜻한 음료	Hot Beverage
맥박	Pulse
발작	Stroke
보안검색	Security Check
비상사태	Emergency
섭씨	Celsius
화물탑재	Baggage Loading
수하물 하기	Baggage Unloading

용 어	영 어
승객탑승	Passenger Boarding
승객하기	Passenger Deplaning
시원한 음료	Cold Beverage(Drink)
식사서비스	Meal Service
세관신고서	Customs Form
여압장치	Cabin Pressure System
연결편 승객	Connection Passenger
연료방출	Fuel Dumping
온도	Temperature
운항취소	Flight Cancellation
엔진이상	Engine Problem
음료서비스	Beverage Service
응급환자	Emergency Patient
이륙허가	Take-off Clearance
이상한 냄새	Abnormal Smell
이상한 소음	Abnormal Noise
입국카드	Entry Card
입국절차	Immigration Process
좌석 앞주머니	Seat Pocket
저산소증	Hypoxia
전자기기	Electronic Device
조류충돌	Bird Strike
주기장	Parking Area
지연도착	Delay in Arrival
짙은안개	Heavy Fog
제빙작업	De-icing
착륙허가	Landing Clearance
출입국직원	Immigration Officer
출입문(탑승구)	Exit Door
출항서류	Depature Document
태풍	Typhoon
통과카드	Transit Card
파업	Labor Strike
폭발물	Explosive

용 어	영 어
항공기연결	Aircraft Connection
항공기정비	The Technical Check of Aircraft
항공기사고	Aircraft Accident
항로혼잡	Air Route Congestion
혈압	Blood Pressure
협조	Cooperation
화상	Burn
화씨	Fahrenheit
활주로 변경	Runway Change
활주로 제설작업	Runway De-icing
활주로 폐쇄	Runway Closing
회항	Diversion(Divert)
X-ray 검색대	X-ray Check Point

6 객실승무원 교육훈련

RECURRENT TRAINING(정기안전훈련)

정기안전훈련은 신입안전훈련을 이수한 후 승무자격을 유지하기 위하여 필요한 교육으로, 12개월 기준으로 받아야 하는 안전훈련을 의미한다. 정기안전훈련에는 ① 항공기에 실린 모든 비상장비와 안전장비의 사용법 및 위치파악, ② 모든 비상구의 위치와 비상구 형태별 사용법 숙지, ③ 구명복의 착용법 숙지, ④ PBE의 착용법 숙지, ⑤ 소화기 사용법 숙지, ⑥ 비상탈출 절차, 비상장비 사용, ⑦ 승무원 자원관리CRM, ⑧ 위험물, ⑨ 기내보안 등을 훈련받는다.

정기안전훈련 사항 중에는 3년에 한 번 받는 조항을 별도로 두었는데, 그 훈

련 내용은 ① 모든 비상구 형태의 작동, ② 슬라이드 작동방법 시범, ③ 소화기를 사용한 실제 또는 모의화재 진압, ④ 모조연기가 가득 찬 상황에서 적절한 장비의 사용(폐쇄된 공간의 연기효과), ⑤ 실제 또는 모조불꽃 신호장비 사용법 시범, ⑥ 구명정 사용법 시범, ⑦ 비상탈출 실습, ⑧ 비상착수 실습, ⑨ 급작스러운 항공기의 감압실습 등이 있다.

장기간 휴직 등으로 정기안전 훈련을 이수하지 않은 객실승무원을 대상으로 승무자격을 복원하기 위한 훈련으로 '재임용훈련Re-qualification'이 있다.

INITIAL TRAINING(초기훈련)

초기훈련Initial Training은 객실승무원으로서의 근무경험이 없는 인원을 대상으로 실시되는 훈련이다. 기초업무 친숙훈련(운항기술기준 8.4.8.8 항공사 절차 기본교육)에 따라 초기 훈련과정 중 훈련생은 기초업무 친숙훈련Indoctrination Training을 이수해야 한다. 기초업무 친숙훈련에서는 훈련생에게 항공법, 운항기술기준이 요구하는 제반 준수사항을 교육시킨다.

초기 훈련생은 일반 안전훈련을 이수한다. 일반 안전훈련은 모든 종류의 항공기에서 발생할 수 있는 비상사태에 관한 훈련이다. 일반 안전훈련에서 다루어지는 세 가지의 주제는 '비상장비', '비상사태 인식' '비상사태 대응절차' 실습훈련이다. 다음으로는 항공보안훈련을, 마지막으로 위험물처리훈련을 이수한다.

OE : OPERATION EXPERIENCE(운항경험)

OE는 초기훈련을 마친 객실승무원은 훈련받은 기종에 대한 검증을 받아야 하는데, 실제로 8시간의 항공기 탑승근무를 이행하는 것을 말한다. 운항경험 감독관은 항공기에서 비상실습 또는 장비작동 등 훈련생의 동작을 관찰 평정한다. 운항경험 시 훈련생은 운항경험 감독관의 감독 하에 부여된 임무를 완수하여야 한다. 운항경험 시 훈련생 수는 운항경험 감독관 1인당 최대 훈련생 4명이며, 평가는 운항경험 감독관 1인당 훈련생 1명의 비율로 이루어져야 한다. 운항경험 감독관 및 훈련생은 항공기 운항에 관련된 법정 최소 승무원수에 포함되지 않는다.

DG : DANGEROUS GOODS(위험물)

DG는 항공기와 승객의 안전운항을 위해 기내반입 또는 화물칸에 위탁수하물로 탑재되어서는 안 되는 위험한 물품을 말한다. 다만, 위험한 물품을 운송해야 할 경우에는 엄격한 탑재방식과 표식에 따라 제한적으로 화물로 운송되어야 한다.

위험물은 그 특성 및 종류에 따라 9가지 Class로 분류하고 있으며(「항공법」 시행규칙 제200조), 그 내용을 보면 ① 폭발성 물질, ② 가스류, ③ 인화성 액체, ④ 가연성 물질류, ⑤ 산화성 물질류, ⑥ 독물류, ⑦ 방사성 물질류, ⑧ 부식성 물질류, ⑨ 그 밖에 국토교통부장관이 정하여 고시하는 물질류 등이다.

각각의 Class별로 구분된 위험물은 항공기 운송 시 위험물에 식별이 가능하도록 표식을 부착하여야 한다. 객실승무원은 위험물 표식이 부착된 물건이 기

내에 반입될 시에는 승객에게 내용물 확인을 요청하고, 위험물일 경우 기장에게 연락하여야 한다. 기내에 위험물이 노출되어 이상 징후가 발견될 시에도 기장에게 보고한다.

객실승무원의 정기안전훈련에는 위험물 식별 및 운송에 관한 교육을 시행하도록 「항공법」 고시(8.4.8.35)에 규정을 두고 있다.

AVIATION SAFETY INSPECTOR(항공안전감독관)

항공안전감독관은 항공기 감항 또는 운항분야의 인가 · 증명 · 승인 또는 항공안전 저해요소를 제거하는 안전 활동을 수행하도록 국토교통부장관으로부터 임명받은 사람이다. 객실안전 분야의 감독관은 선임객실승무원 이상의 경력과 항공운송 분야 5년 이상 근무경력을 보유한 사람 또는 객실분야 교육을 이수한 후 해당분야 교육 · 감사Audit 경험이 5년 이상인 사람 중에서 선발된다.

항공안전감독관은 연간 안전점검 활동을 상시점검, 집중점검, 잠재위험점검 등 세 가지로 구분하여 적용하고 있다. 항공기에서 안전점검을 수행한 결과에 따라 시정지시(각종 기준 및 절차 등에 위배되는 사안), 개선권고(안전을 위해 보다 나은 방법을 제시하고자 할 경우), 현장시정(안전에 직접적인 영향을 미치지 아니하는 경미한 저해요소로 단기간 내에 수정이 가능한 사안) 등의 조치를 취한다.

객실승무원은 항공기에서 항공안전감독관으로부터 점검을 받았을 경우, 점검내용에 대해 보고서를 작성하여 회사에 제출해야 한다.

CHAPTER 03

운송실무 전문용어

고객의 눈에 비쳐지는 객실승무원은 무엇을 물어보아도 잘 대답해 줄 것이라 생각한다. 그들의 궁금증은 다양하다. 그 중 제일 흔하게 질문하는 것이 운송 분야이다. 운송 분야는 고객이 항공사를 경험하는 것 중에 제일 깊은 관련이 많다. 예약에서 공항 체크인, 기내좌석, 항공권 등 항공기에 탑승하기 전까지 지상에서부터 많은 것으로 궁금해 한다. 그 궁금증이 다 풀리지 않으면 기내에까지 승무원에게 의존하게 된다.
객실승무원은 항공사 여러 분야 중 최일선에서 고객을 응대하는 직종이다. 그래서 다른 직종에 비해 다양한 항공지식과 용어를 익혀야 한다. 운송실무 용어는 객실승무원과 깊은 연관이 있다. 운송직원과의 승객정보 교류 등 적절한 용어 사용은 업무 효율성을 높여준다. 객실승무원은 운송 용어를 많이 알수록 기내에서 자신감 있는 고객응대를 할 수 있다. 이렇게 항공용어의 적절한 활용은 고객의 불편을 초기에 해결할 수 있다. 운송용어를 알아간다는 것은 능력 있는 객실승무원이 되는 길이기도 하다.

Aviation Terminology

UM : UNACCOMPANIED MINOR(비동반소아)

UM은 성인보호자 없이 혼자 여행하는 소아를 의미한다. UM의 기준은 국내선의 경우 최초 여행일 기준 만 5세 이상~만 13세 미만이며, 국제선은 만 5세~만 12세 미만이다. UM으로 예약하는 경우 출/도착지에서 어린이를 배웅 또는 마중할 보호자 연락처를 알려야 하며, 최소한 출발 24시간 이전에 예약을 통해 운송허가를 득해야 한다.[5] 객실사무장은 운송직원으로부터 UM과 함께 UM의 여권과 목적지 국가 입국에 필요한 서류를 인계받고, 도착공항에서 다시 운송직원에게 UM을 인계한다. 객실사무장은 UM의 안전과 편안한 여행을 위해 담당승무원을 지정할 수 있다.

Infant(유아)

유아승객의 적용 범위는 국내선/국제선 동일하게 생후 7일부터 2살 미만이다. 생후 7일 미만 이전의 유아가 항공기에 탑승하고자 할 때에는 항공의료인의 의학적 승인이 있는 항공운송신청서가 필요하다. 유아동반 승객은 비상구열 좌석에 배정될 수 없다. 유아동반 승객이 구명복을 요구할 시에는 제공되어야 하며, 착륙 후 회수하여 원위치에 보관한다.

DEPO : DEPORTEE(추방자)

Deportee는 합법으로 입국하였다하더라도 주재국 체류 규정과 법을 위반하였거나 불법으로 입국하여 그 사실이 밝혀져, 주재국의 관계당국으로부터 강제추방 명령을 받은 승객을 말한다.

Deportee는 관계당국의 직원이 직접 비행기까지 인솔하여 객실사무장에게 Deportee 승객의 여권 및 추방명령서 등 서류와 함께 인계한다.[6] 객실사무장은

5_ 만 12세 이상~16세 미만의 소아는 일정한 금액을 지불하고 비동반소아서비스를 제공받을 수 있다(Optional UM).
6_ 해외공항의 경우에는 공항지점장이 역할을 대행하는 경우가 있다.

인수받은 여권과 서류를 항공기내에서 Deportee 승객에게 돌려주어서는 안 된다. Deportee 승객과 여권 등 서류는 도착지 공항 운송직원에게 직접 인계하여야 한다.

INAD : Inadmissible Passenger(입국거절 승객)
비자 미소지, 비자 유효기간 경과, 비자 목적과 다르게 입국시도 등 입국자격에 결격사유가 있어 여행 목적지 또는 경유지 국가에서 입국이 거절된 승객을 말한다. INAD 승객의 처리 절차는 DEPO 승객과 동일하다.

TWOV : TRANSIT WITHOUT VISA(무비자통과)

TWOV는 최종 목적지로 가는 여정에 중간기착 국가에 비자 없이 체류를 한시적으로 허용되는 통과승객에 대한 비자제도 중의 하나이다. 따라서 TWOV 승객은 반드시 제3국행 유효한 여행서류를 소지하고, 연결편 예약이 된 항공권을 소지하여야 한다. TWOV는 국가별로 규정에 차이가 있는 만큼 여행 전에 정보를 확인하는 것이 필요하다.

VWP : VISA WAIVER PROGRAM(비자면제프로그램)

VWP는 양 국가 간에 관광, 상용 등 단기목적으로 여행 시 비자 없이 입국이 가능한 제도이다. 미국은 1986년 관광진흥 목적으로 VWP를 처음 도입하였으며, 2015년 현재 VWP를 적용받는 국가는 한국을 포함하여 38개국이다.

미국의 경우 VWP로 여행 시에는 90일 간 체류가 가능하며, 전자여권을 소지하여야 한다. VWP로 미국여행 전에는 ESTA를 통해 사전여행 허가를 받아야 한다.

ESTA : Electronic System for Travel Authorization(전자여행허가시스템)
VWP로 미국에 입국하기 위해서는 사전에 ESTA를 통해 여행허가를 받아야 한다. ESTA 신청기간은 최소한 여행 출발 72시간 전까지 입력이 가능하다. ESTA 사전조건으로는 90일 이내의 여행 및 상용 목적이어야 하며, 미국비자가 없는 상태여야 한다. 미국 입국 시에는 ESTA 승인번호를 반드시 가지고 가야 한다.

PNR : PASSENGER NAME RECORD(승객예약기록)

PNR은 승객이 예약을 할 시 승객의 성명, 전화번호, 여정, 기내에서 제공받을 특별한 서비스 내용 등 승객이 필요로 하는 최소한의 정보 등을 예약전산시스템에 기록해 놓은 것을 지칭한다. PNR 작성에는 항공사 컴퓨터프로그램에 따라 일정한 양식에 따라 기록한다. 예를 들면, 성별 구분 시에는 MR, MRS, MISS, MS, MSTR 등으로 표기한다. 직업에 따른 약어(DR, PROF, CAPT 등) 및 예약상태에 대해서도 정해진 약어를 사용하여 기록을 유지한다.

승객의 여정은 승객의 여행 구간을 항공편별로 하여 순서대로 기록한다. 각각의 여정은 항공편명, CALSS, 요일, 일자, 구간, 예약상태, 출/도착 시간 순으로 되어있다.

예약상태 코드

구 분	내 용
HK(Holds Confirmed)	예약이 확약되어 있는 상태
HL(Have Waitlisted)	예약이 대기자 명단에 올려 있는 상태
RR(Reconfirmed)	예약 재확인까지 마친 상태
HN(Have Requested)	현재 상태는 모르나 요청한 적이 있음을 나타냄

APIS : ADVANCE PASSENGER INFORMATION SYSTEM (사전승객정보시스템)

APIS는 항공사가 탑승객의 여권 정보를 사전에 도착 국가에 미리 제공하여 항공보안 및 입국 심사 소요시간을 단축하는 목적을 두고 있다. 항공사는 탑승객의 여권번호, 여권발행도시, 성명, 성별, 생일, 국적 등의 승객 정보를 항공기 출발 전에 도착하는 상대국에 미리 통보한다.

APIS제도를 운영하는 국가는 미국, 캐나다, 영국, 호주, 뉴질랜드, 중국, 일본, 스페인 등이 있으며, 우리나라는 2005년부터 시행하고 있다.

PTA : PREPAID TICKET ADVICE(선불항공권 통지)

PTA는 어떤 지역 거주자가 선불한 항공권을 타 지역 거주자에게 발행해 줄 것을 요청하는 상업용 전신 또는 우편에 의한 통지를 말한다. 즉 도착지 국가에서 현지 화폐로 미리 구입한 항공권을 출발지 국가에서 탑승할 사람에게 보내질 항공권에 대한 정보와 항공권 발행을 승인한 것을 의미한다.

OPEN TICKET(오픈티켓)

보통 돌아오는 날짜를 구체적으로 정하지 않고 예약한 항공권을 '오픈티켓'이라 한다. 6개월이나 1년 등 장기 해외여행일 경우 돌아오는 날짜를 지정하기 어렵고 변경하기 힘들기 때문에, 돌아오는 날짜를 임의로 지정해서 우선 예약하고, 현지에서 동일한 항공권으로 오픈기간에 한해서 승객이 변경 예약하여 탑승할 수 있다.

DBC : DENIED BOARDING COMPENSATION(탑승거절보상제도)

DBC는 예약승객 초과 등 항공사 귀책사유로 예약이 확약된 승객 중에 자발적으로 탑승을 포기하는 승객에게 보상을 해주는 제도를 말한다. 만약에 자발적으로 포기하는 승객이 없을 때는 항공사가 승객의사에 관계없이 탑승을 거절할 수 있다. DBC가 발생되는 경우는 초과예약뿐만 아니라 항공기 정비, 운항스케줄 조정 등으로 최초 계획된 기종에서 다른 기종으로 변경하는 경우, 해당편의 기내 허용 탑재량이 계획 대비 축소·운영되어야 할 경우 등이다.

Over Booking(초과예약)

사전 예약판매 형태인 항공상품은 비행편 출발시점에 공석 발생으로 인한 수익손실을 방지하기 위해 예약 후 항공권을 구매하지 않은 예약 취소 고객과 항공권 구매 후 탑승하지 않은 No-show 고객을 고려하여 실제 판매가능 좌석수보다 초과하여 예약을 받는 것을 말한다. 초과예약을 통한 수입의 극대화는 탑승거절보상(DBC) 비용과 항공기가 좌석이 비어서 나갈 때 발생되는 기회비용을 계산하여, 예상총비용이 최소화되는 지점까지 초과예약을 접수하여 수입을 최대화한다.

SUBLO : SUBJECT TO LOAD(무임·할인)

SUBLO는 무임으로 또는 할인을 받아 항공기 탑승을 할 수 있는 것을 의미한다. 다만, 이 조건으로 항공기 탑승 시에는 사전예약을 할 수 없으며, 좌석 또한 기내에 빈 좌석이 있는 경우에 한해서만 탑승이 가능하다. SUBLO는 주로 항공사 직원에게 적용되는 경우가 많다.

NO SUBLO

NO SUBLO는 SUBLO와 동일한 무임 또는 할인을 적용받지만 사전예약이 가능하며, 따라서 좌석 여유에 관계없이 예약이 확약된 상태이면 탑승할 수 있는 조건을 말한다.

I/U : INVOLUNTARY UPGRADE(비자발적 업그레이드)

예약초과 등 항공사측 사유로 인해 승객이 소지한 항공권의 탑승 클래스가 아닌 차상급 클래스로 좌석배정을 하는 경우를 말한다. I/U 대상 승객은 항공사마다 내부 규정에 따라 선정한다.

L/F : LOAD FACTOR(여객탑승률)

L/F는 항공기에 실제 탑승한 승객수에 운항거리를 곱한 값RPK : Revenue Passenger Kilometer 유상승객거리을 항공기에 장착된 승객 전체 좌석에 운항거리를 곱한 값ASK : Available Seat Kilometer 유효좌석거리을 나눈 값의 백분율을 말한다.

L/F(%) = RPK / ASK × 100

L/F는 항공사의 승객 수송실적을 나타내는 중요한 지표로 항공편 별 운항거리가 상이한 점을 고려한 노선단위의 평균 탑승률이다.

항공사들은 수익과 관련된 탑승률을 높이기 위한 판매정책에 집중을 하고 있다. 특히 저비용항공사는 저렴한 운임에서 손해를 보지 않으려면 높은 탑승률을 유지하는 것이 필요하다.

RPK : Revenue Passenger Kilometer(유상승객거리)
운항구간을 기준으로 유상수송인원에 대권거리(두 지점 간의 최단거리)를 곱한 값을 말한다. 수송량 전체 실적을 구하기 위해 거리 개념을 감안한 것이다.

ASK : Available Seat Kilometer(유효좌석거리)
항공기에 판매 가능한 기내 좌석을 대상으로 한 운송 공급량을 말한다. 1ASK는 1좌석을 갖고 있는 항공기가 1km 운항한 것을 말한다.

CARRY ON BAGGAGE(휴대수하물)

휴대수하물은 승객이 기내에 갖고 들어갈 수 있는 짐을 일컬으며, 항공사별로 휴대수하물의 개수와 반입조건이 제한적으로 규정되어 있다.

휴대수하물은 기내에 적절하고 안전하게 적재할 수 없다면 기내 휴대수하물의 탑재를 허용하여서는 안 된다(「항공법」고시 8.4.7.11). 항공사는 각 기내 휴대수하물을 상단 선반에 인가된 고정 끈으로 단단히 고정되었는지, 또는 문이 닫히도록 적재되었는지, 또는 칸막이 벽 뒤 허가된 장소에 적재되었는지를 최소 1명 이상의 승무원이 확인하지 아니하고서는 지상이동 또는 후진 준비를 위해 항공기 승객 출입문을 닫도록 허용하여서는 아니 된다.

또한 기내 휴대수하물이 적재 위치에 부착된 최대허용중량을 초과하도록 허용해서는 아니 된다. 이에 따라 기내에 인가된 휴대수하물 보관 공간은 ① 오버헤드 빈, ② 좌석 밑(단, 좌석 밑에 전방과 통로 측 방향에 휴대수하물이 나오지 않도록 안전장치가 설치되어 있어야 함), ③ 코트 룸 등 3가지 공간으로 제한되어 있다.

CHECKED BAGGAGE(위탁수하물)

위탁수하물은 여객이 유효한 항공권과 함께 제출한 물품에 대해 항공사가 접수하고 수하물표를 발행한 수하물을 말하며, 항공기 화물칸에 보관하여 운송되어 비행 중에 접근이 불가하다.

위탁수하물은 항공사의 자체 규정에 의거하여 짐의 중량과 개수에 따라 운임가격이 부여된다. IATA는 승객 1인당 위탁수하물 무게를 23kg에서 최대 32kg 이내로 제한하는 국제 규정을 두고 있다. 항공기와 승객안전을 위해서 항공기에 주인이 없는 짐은 기내이든 화물칸이든 탑재되어서는 안 된다. 만약에 항공기에 주인 없는 짐이 발견될 시에는 항공기는 안전규정상 회항하는 절차

를 따라야만 한다.[7]

OTP : ON TIME PERFORMANCE(정시운항)

On Time은 항공사가 운항 스케줄을 표기한 타임 테이블을 통해 승객에게 사전 고지된 출발과 도착시간에 맞춰 항공기를 운항하는 것을 말한다. On Time 운항은 항공사가 대외적으로 표방하는 서비스만족도 지표로 활용될 뿐만 아니라, 국가는 각 공항별, 항공사별로 정시운항을 보장하기 위해 공항 확장 및 보강, 공항관제 운영의 효율성을 높이기 위한 장려책을 쓰고 있다.

아시아, 유럽권 항공사는 On Time을 항공기 출발시간을 기준으로 15분 이내 출발하는 것을 적용하는 반면, 미주권 항공사는 도착시간을 기준으로 15분 이내 도착을 On Time 기준으로 한다.

정시운항의 장애요소는 공항관제시설 및 능력, 기상, 항공기 연결, 항공기 결함, 연결편 승객지연 탑승, 기내식 및 서비스용품 미탑재 등 다양하다. 승무원의 항공기 탑승시간 준수도 보이지 않는 정시운항에 매우 중요한 부분이다.

객실승무원이 정시운항과 관련하여 해야 할 주요 임무는, 승객 탑승이 항공사가 정한 규정된 시간에 이루어지도록 하는 것이다. 객실승무원은 항공기 정시운항을 위해 비행기에 탑승하여 기내안전 보안점검과 기내식과 서비스용품 탑재 확인 등을 신속하고 정확하게 하여 승객이 정시에 탑승하도록 하는 것이 정시운항에 중요하다.

7_ 항공기에 탑재된 위탁수하물이 탑승한 승객의 소유인지를 확인하여 그 소유자가 항공기에 탑승하지 아니한 경우에는 그 위탁수하물을 운송해서는 아니 된다. 「항공보안법」 제11조4항)

"중국 베이징공항 만성지연"

비행기가 장시간 출발지연을 하자, 한 승객이 참지 못해 승무원을 찾는다. 자신이 모신문사 기자와 잘 아는데, 대한항공에 문제가 있다는 것이다. 신문사에 전화를 하겠다고 한다. 빨리 출발시키라는 으름장인 셈이다. 승객은 중국공항 측에서 지연시키고 있는 것을 항공사 문제로 본 것이다.

똑같은 사항을 놓고 외신들이 전하는 기사를 보았다.
'세계에서 정시운항률이 최악인 중국공항'(CNN)
'중국, 최악의 항공기 지연으로 고통받다'(BBC)
'중국 공항들, 세계 최악 지연출발'(허핑턴포스트)

심지어 중국 언론들마저 비슷한 비난보도를 했다. 이들 기사에 항공사는 들어 있지 않다. 항공사도 승객과 같이 피해자 입장에 있을 때가 있다. 그래서 공항측과 승객 편의를 위해 서로 개선하려 공동으로 노력하고 있다. 외신들의 줄기찬 비난기사 덕분인지 중국 공항들의 출발 지연건수가 대폭 줄었다.

출처 : 진성현의 『비행스케치』
주 : 우리나라는 중국과 '한 · 중 항공기 지연 최소화'를 위한 실무급 협력회의를 2015년 12월 서울에서 가졌다.

TRANSIT(경유)

Transit은 동일한 항공편으로 항공기가 최종 목적지를 가는 여정에 중간 기착지를 경유하는 것을 말한다. 중간 기착지에서는 승객이 기내에 그대로 머물거나, 아니면 하기하여 공항 대기실에서 재탑승 할 때까지 기다린다.

Transit하는 항공편은 중간 기착지에서 승객을 추가로 탑승할 수도 있으며 재급유를 받기도 한다. 기내에서는 다음 비행구간에서 서비스할 새로운 기내식이 탑재되고, 서비스용품을 보충하는 작업과 함께 기내청소를 한다.

중간 기착지에서 승객이 내려 공항 라운지에서 기다려야 할 경우에는 승객은 자신의 모든 휴대수하물을 들고 기내 밖으로 가지고 나가야 한다. 객실승무원의 지시에도 불구하고 휴대물품을 가지고 내리지 아니한 사람에게는 100만원 이하의 과태료를 부과한다(「항공보안법」 제51조).

Transfer(환승)

항공기가 최종 목적지에 도착하기 전에 중간 기착지에 경유할 때, 승객이 다른 항공편으로 갈아타는 것을 Transfer라 한다. 다른 항공편으로 Transfer 할 때에는 사전에 연결편에 탑승할 수 있는 최소연결시간(MCT : Minimum Connecting Time)을 반드시 확인하도록 한다. Transfer는 공항 내에 위치한 연결편 카운터에서 탑승수속을 받으며, 수하물은 'Through Check-in(일괄수속)'을 한 경우에는 별도수속이 필요 없다. Transfer는 공항 내에서 환승하기 때문에 다시 입국수속 등을 하지 않는 것이 일반적이지만, 미국과 사우디아라비아 같은 특정 국가는 Transfer 승객도 일단 입국절차를 받고 공항 밖으로 나갔다가 다시 출국하는 형태로 연결편을 탑승하는 사례가 있음을 유의하여야 한다.

L/O : LAY OVER(현지체류)

Lay Over는 승무원이 다음 비행근무를 위한 휴식을 취하기 위해 항공사가 제공하는 호텔 등 숙박지에서 체류하는 것을 말한다. 항공사는 승무원의 휴식시간을 「항공법」에 근거하여 자체적으로 Lay Over 규정을 정하여 운영하고 있다. 보통 항공사들은 Lay Over 시간은 근무시간에서 제외하고 있다.

STOP OVER(스탑오버)

Stop Over는 장거리노선의 경우 비행기의 급유와 승무원 교대, 기체점검 등으로 약 1시간가량 중간기착지에 머무르는 것을 말한다. 항공기가 운항 중에 기술상의 목적으로 정기적으로 착륙하도록 지정된 중간지점, 경유지에서 승객은 자사나 타사의 접속 편으로 옮겨 타거나 Stop Over 할 수 있다. 항공사들은 비행여정 중에 중간 기착지에서 승객들이 머물면서 여행을 할 수 있는 Stop Over 정책을 두고 있다.

STPC : STOPOVER ON COMPANY'S ACCOUNT

STPC는 승객이 동일항공사 소속의 항공기로 두 구간을 연속 여행할 때, 첫 번째 비행 구간의 목적지에 도착하여 당일 날 연결 항공편으로 갈아탈 수 없을 경우, 다음 날 연결 항공편에 탑승할 때까지 숙식 및 교통편 등 제반 편의를 해당 항공사가 무상으로 제공하는 제도를 말한다.

TECHNICAL LANDING(기술착륙)

Technical Landing은 항공기 급유 및 승무원 교대를 위한 목적으로, 중간기착지에 착륙하는 것을 말한다. 승객은 기내에 그대로 머물거나 공항터미널에서 대기한다. Technical Landing 시에는 승객이 하기하거나 새로 추가하여 탑승할 수 없다.

E/D CARD : EMBARKATION / DISEMBARKATION CARD (출입국신고서)

E/D카드는 항공기 여행 목적지 국가에 입국 또는 출국하기 위해서 해당국가가 작성을 요구하는 일종의 신고서이다. 승객은 신고서에서 제시된 항목을 정확하고 빠짐없이 기입하여 작성하여야 한다.

E/D카드 양식은 나라마다 다르며, 양식에 게재된 항목들을 정확하게 작성하여야 입 · 출국이 용이해진다. 출입국신고서상에 가장 중요하게 여기는 항목은

입국 목적과 체류할 주소이다. 대부분의 국가들은 이 두 가지 항목에 문제가 있다고 판단하면 입국을 거절할 수도 있다. 최근에는 공항 입·출국시스템의 전산자동화로 E/D카드를 폐지하거나 축소하는 국가들이 많아졌다.

"입국서류 오작성 큰일"

오클랜드행 비행기에서의 일이다. 한 승객이 입국서류를 어떻게 작성해야 할지 고민하고 있다. 입국서류 뒷면을 보니 다소 난해한 질문항목이 많았다. 예를 들면, 음식물을 가지고 있는지 고기 또는 과일 등 동·식물류를 가지고 있는지를 질문하는 사항들이었다. 이 승객은 모르고 전부 No라고 체크하였다. 도착 후 입국직원이 승객의 입국서류를 보더니 통과시켜주지 않았다. 수 시간의 정밀검사를 받은 승객은 거짓말한 것으로 판정되어, 억울하게도 입국이 거절되어 다시 되돌아와야 했다.

출처 : 진성현의 『비행스케치』

VISA (입국사증)

비자는 방문할 국가로부터 입국을 허가한다는 입국허가증으로, 방문 이전에 해당국가의 대사관에 비자신청을 하여 발급받는다. 비자는 1회 방문으로 제한하는 '단수비자'와 유효기간 내에 방문 횟수에 관계없이 출입국이 가능한 '복수비자'가 있다. 비자는 나라마다 기준과 심사 절차에 차이가 있으며, 비자가 있는 것만으로 입국이 보증되는 것은 아니다. 비자소지에도 불구하고 입·출국서류 등 제반 규정과 조건에 맞지 않다고 판단될 시에는 입국을 허가하지 않을 수도 있다.

비자는 여권 형태 및 입국 횟수, 입국 목적 등에 따라 여러 종류가 있다. 예를 들면, 관광비자 · 상용비자 · 유학비자 · 취업비자 · 이민비자 · 선원비자 · 관용비자 · 문화비자 · 동거비자 등이 있다.

미국비자의 종류

종 류	비자 신청자	비 고
A	외교관	외교관 및 정부관계자
B1	상용방문자	통상 30~60일 체류
B2	관광 및 일반방문자	통상 1~6개월 체류, 관광여행, 친지방문, 세미나 참가 목적
C	미국 경유자	미국 경유 제3국 목적으로 미국을 방문하는 경우, 체류기간은 29일 이내
D	승무원	국제항로 선박, 항공기 승무원
F1	정규과정 등록학생	미국의 대학, 고등학교, 어학학교 등 국무부의 인가를 받은 학교의 정규 교육과정을 받고자 하는 학생
I	기자, 언론인	신문사, 방송사 등의 특파원, 주재원
J	교환 연수자	문화교류 목적의 학생, 연수생, 학자, 전문가
K1	미국시민권자의 약혼자	입국 후 90일 내 정식 혼인등록을 마치는 조건
L1	상사 주재원	미국에 본사, 지사, 자회사 등을 가진 한국회사의 임원, 직원에게 부여
M1	특기자	언어연수를 제외한 직업훈련에 등록하는 학생
O	직업교육과정 등록학생	과학, 교육, 경영, 체육 특기자
P1	연예인, 체육인	국제적 수준의 경기 참가 체육인, 국제적으로 인정된 극단에 출연하는 연예인
P2	프로그램 참여 예체능인	예체능인 상호프로그램에 참여한 개인 혹은 단체
Q1	문화교류 참여자	국제적 문화교류 프로그램 참여자

OPEN SKY AGREEMENT(항공자유화협정)

항공자유화협정이란, 각국이 항공교통의 상호발전을 위하여 국가의 간섭 없이 항공사가 노선, 운항횟수 및 운임을 결정하여 승객과 화물을 국가 간에 자유롭게 운송하도록 하는 당사자국 또는 다자국 간에 맺는 항공운송협정이다. 현재 세계 각국은 미국의 오픈스카이 정책을 도입하여 이제는 모든 항공협정을 오픈스카이 협정으로 진행하고 있는 추세이다. 항공자유화협정은 미국이 최초 1992년 네덜란드와 맺으면서 시작되었다. 항공자유화협정으로 항공사들은 보다 많은 노선에 승객과 화물을 운송하게 되었으며, 관광객 증대, 저비용 항공사 국제선 취항 증대 등의 효과를 가져다주고 있다.

항공자유화협정 이전에는 각 나라는 자국의 항공사들을 보호하기 위해 상대국의 운항노선들을 규제하는 형태의 낡은 관행이 지배적이었다. 항공자유화협정의 기본 골격은 착륙허가 없이 상대국 영공을 통과할 수 있으며, 비정기 운항의 경우에는 상대국 영토에 기술적 착륙이 허용되고 상대국의 한 지점에서 다른 지점으로의 운항이 가능하도록 하였으며, 각국의 항공사는 자신들이 운항할 지점을 선택할 수 있도록 하였다.

우리나라는 미국과 1998년 6월에 항공자유화협정을 맺었다. 우리나라 국적 항공사가 미국 내 모든 공항을 자유롭게 운항하며, 미국을 거쳐 제3국으로 여객과 화물을 실어 나를 수 있게 되었다. 한국은 현재 미국을 포함하여 40개국과 Open Sky 협정을 맺고 있다. 진에어가 국내 저비용항공사 최초로 미국의 하와이 취항을 하는 것도 이러한 항공자유화협정 때문에 가능하다고 볼 수 있다.

AIRLINE ALLIANCE(항공동맹체)

Alliance는 두 항공사 또는 다수의 항공사 간 공동의 협력체계를 갖춘 항공산업 협정이다. Alliances는 회원 항공사가 각기 취항하고 있는 국제노선들을 상호 공유하여 세계 전 지역을 하나의 거대한 글로벌 노선망으로 형성하는 것이 가장 근본적인 협력의 동기라 할 수 있다.

1990년대부터 시작된 Alliance는 항공사들이 국제 노선망을 확대하는 수단으로 인기를 끌어오고 있다. Alliance로 수익을 공유하면서 승객들에게 보다 많은 연결된 노선을 창출하고 있는 것이다. 오늘날 Alliance는 수입, 노선, 마케팅을 공유하는 것뿐만 아니라 승객의 마일리지도 공동으로 인정하고 있다.

Airlines Alliance는 회원 항공사들에게 코드셰어와 공동운항, 정비, 서비스, 투자 등의 이익의 수단을 제공한다. Alliance로 인하여 고객들은 낮은 항공운임, 선택의 폭이 많아진 출발시간, 수많은 목적지와 비행편수, 여행에 걸리는 시간단축 등 다양하고 특별한 이익을 갖게 되었다.

현재 전 세계 수많은 항공사들이 공동가입한 주요 Alliance는 스카이팀SkyTeam, 스타 얼라이언스Star Alliance 그리고 원 월드One World 3개가 있다.

저비용항공사들도 대형항공사와의 경쟁에 대비하여 동맹구축에 나서고 있다. 2016년에 아시아에서 두 개의 저비용항공사 동맹이 출현했다. 유-플라이U-fly 얼라이언스와 밸류Value 얼라이언스이다. 유-플라이 얼라이언스는 세계최초 LCC 동맹체로 우리나라 이스타항공을 포함한 홍콩익스프레스, 럭키에어, 우루무치에어, 웨스트에어로 이루어졌다. 밸류 얼라이언스는 국내 제주항공과 함께 세부퍼시픽, 녹에어, 녹스쿠트, 스쿠트, 타이거에어싱가포르, 타이거에어오스트레일리아, 바닐라에어 등 총 8개 항공사가 연합하고 있다. 밸류 얼라이언스는 아시아-태평양지역의 160개 도시에 총 176대의 항공기가 운항하는 노선별 네트워크가 가능해졌다.

"항공사 이익"

- 코드셰어로 넓어진 글로벌화 된 노선망 구축
- 판매점 공유로 인한 비용절감
- 항공기 정비설비 공유
- 기내식과 컴퓨터시스템 등 공유
- 체크인카운터, 탑승구직원 등 공항 지상직원 공유

"여행객 이익"

- 기존노선의 운영비 절감으로 인한 저렴해진 항공운임
- 기존노선의 다양해진 출발시간 선택
- 보다 많아진 목적지들
- 최적화된 환승으로 여행시간의 단축
- 회원항공사 간 공유로 넓어진 공항라운지
- 회원항공사 간 마일리지 혜택
- 비교적 저렴한 가격으로 전 세계를 여행할 수 있는 항공권 가능

3대 Alliance 현황

구 분	스타 얼라이언스	스카이팀	원 월드
설립연도	1997년	2000년	1999년
목적지(국가)	1,300(192)	1,057(179)	1,011(154)
연간 수송객수	6억5천831만 명	6억6천540만 명	5억1천260만 명
일일 비행편수	18,500	16,270	14,313
회원 항공사	27개	20개	15개
	아드리아항공 에게인항공 에어캐나다 에어차이나 에어인디아 에어뉴질랜드 ANA 아시아나항공 오스트리안항공 아비앙카항공 브뤼셀항공 코파항공 크로아티아항공 이집트항공 에티오피아항공 에바항공 LOT폴리티시항공	아에로플로트항공 아르헨티나항공 아에로멕시코 에어유로파 에어프랑스 알리탈리아 대만중화항공 중국동방항공 중국남방항공 체코항공 델타항공 가루다인도네시아항공 케냐항공 KLM네덜란드항공 대한항공 중동항공	에어베를린 아메리칸항공 브리티시항공 캐세이퍼시픽 이베리아항공 핀에어 일본항공 LAN항공 TAM항공 말레이시아항공 퀀타스항공 카타르항공 로얄요르디안항공 S7항공 스리랑카항공

	루프트한자항공 스칸디나비안항공 산첸항공 싱가폴항공 남아프리칸항공 스위스항공 TAP포르투갈항공 타이항공 터키항공 유나이티드항공	사우디항공 티롬루마니아항공 베트남항공 샤먼항공	

CODE SHARE(공동운항)

항공사는 좌석을 상품으로 마케팅 전략을 세운다. Code Share는 협력관계를 맺은 항공사들이 서로 상대 항공사의 좌석을 공유하고 판매하여 마치 동일한 항공사처럼 운영하는 것으로 우리말로는 공동운항이라 한다.

Code Share란, 개념이 처음 시행된 것은 1989년 미국 아메리칸항공과 호주 콴타스 항공사가 맺은 협정에 의해서이다. 양 항공사는 상호 여러 비행 편수를 하나로 통합하여 공동운항 협정을 맺었다. 이 협정으로 아메리칸항공은 콴타스항공 비행기표를 판매하였고, 콴타스항공은 아메리칸항공 비행기표를 팔았다. 그 결과 각 항공사는 기술적인 자체 노선확대를 하지 않고도 보다 많은 지역을 대상으로 판매를 할 수 있게 되었다.

이후 많은 항공사가 두 항공사의 전례를 따라, Code Share 협정을 맺었다. 승객들에게 상대 항공사 좌석을 판매한 항공사를 '마케팅항공사Marketing Carrier'라 하고, 다른 항공사 비행기표지만 공동운항으로 승객을 태우고 운항하는 항공사를 '운영항공사Operating Carrier'라 한다. 비행편수 표기는 운영항공사 코드를 먼저 사용하고, 뒤에 마케팅항공사 코드를 나타내어 공동운항 편수임을 복수편수로 나타낸다(예 : 미국 디트로이트행 델타항공 / 대한항공 공동 운항편 표기 DL158 / KE7273 ☞ 델타항공은 실제 탑승해야 할 운영항공사이고, 대한항공은 비행기표를 판매한 마케팅항공사이다).

항공사에게는 Code Share가 유익한 것으로 여겨지는 가운데, Code Share로 승객이 혼선을 빚는 불편도 있다. 승객이 비행기표를 구입한 항공사가 아닌 공동운항을 하는 다른 항공사로 탑승안내를 받을 때 당황하는 경우가 있다. 기내 서비스도 항공사 간 차이가 있어 승객들이 원하는 서비스를 제공받지 못하는 불편이 있다.

INTERLINE AGREEMENT(인터라인협정)

어느 항공사가 운항하고 있지 않은 구간이지만, 그 구간을 운항하는 항공사를 대행하여 판매할 수 있도록 상대 항공사와 맺는 협정을 말한다. 즉 복수의 항공사가 번갈아가며 승객을 목적지까지 운송하는 것을 의미한다. 승객의 짐은 중간기착지에서 다른 항공사로 갈아타도 찾을 필요 없이 목적지까지 운송된다(예 : 시드니에서 상하이를 경유 베이징까지 콴타스항공 비행기표를 구매한 승객이 있다. 콴타스항공은 중국동방항공과 Interline 협정을 맺은 사이이다. 콴타스항공은 승객을 자사노선인 시드니~상하이 구간을 운송하고, 다음 구간인 상하이~베이징 구간은 Interline 협정을 맺은 중국동방항공이 승객을 태웠다. 승객은 자신의 짐을 목적지인 베이징에서 찾았다).

Interline 협정은 노선 보완을 통해 여행상품을 개발하고 수입을 증대하기 위한 목적이다. 협정을 맺은 항공사는 IATA 표준협정에 따라 다른 항공사의 구간을 판매하고 일정의 수수료를 받는다.

JOINT VENTURE(조인트벤처)

조인트벤처는 별도의 회사를 차리지 않고도 두 개 이상의 항공사가 마치 한 회사와 같이 출발 · 도착 시간, 운항편 조정 등을 통해 스케줄을 최적화하고 공동 마케팅 · 영업 활동을 강화하며 이에 따른 재무 성과를 공유하는 가장 광범위하고 높은 수준의 협력 단계를 말한다.

항공사들의 조인트벤처를 통한 운임 · 스케줄 조율, 수익 공유는 향후 오픈스카이와 LCC들의 홍수에 맞설 생존전략으로 예상되며 항공사간에 지속적으로 확대될 것으로 보인다.

대한항공은 2018년 5월부터 델타항공과 최소 10년간 아시아 지역과 미국노선에서 조인트벤처 사업을 실행하는 협정을 맺었다. 이로써 대한항공은 델타항공과 조인트벤처 협력을 개시해 미주 192개 도시, 370개 노선에서 공동 운항편을 운영하고 있다. 대한항공은 조인트벤처로 미주노선 탑승률이 상승하는 효과를 누리고 있다.

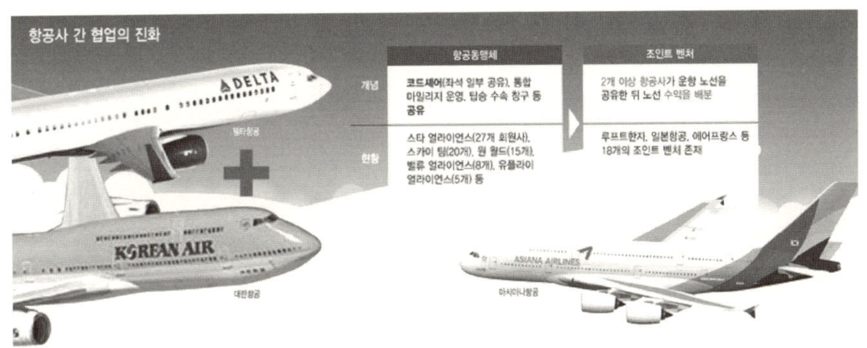

출처 : 한겨레신문

LCC : LOW COST CARRIER(저비용항공사)

LCC는 기존의 대형항공사FSC : Full Service Carrier들이 항공운임에 의존한 경영구조에서 비용 효율성이 항공사 운영의 중대한 난제로 부각되는 현상을 타파하기 위해 저렴한 항공운임을 기본전략으로 기존 항공사와 다른 수익구조를 가진 항공사를 일컫는다. 이른바 '가장 적은 비용으로 가장 많은 고객을 확보하자'라는 것이 LCC의 요체이다.

LCC는 저렴한 항공운임을 대체하는 수익창출 수단으로 승객의 편안함을 추구하는 기내서비스가 없는 것이 상징적이다. LCC가 추구하는 수익창출 구조를 보면 다양한 비용절감 요인들을 갖추고 있다.

현재 최대의 LCC항공사로 미국의 사우스웨스트항공사South West Airlines를 꼽고 있다. 사우스웨스트항공사는 1967년 설립 당시 이미 LCC 형태의 항공사였던 퍼시픽사우스웨스트항공사PSA : Pacific Southwest Airlines의 "세계에서 가장 친숙한 항공사"라는 기업문화와 운영 매뉴얼 등을 사진같이 똑같이 베꼈다하여 일명 복제항공사로 유명해졌다.

"LCC 경영전략"

- 항공노선의 단순화Fly Point-to-point
- 단거리노선 위주 및 지방공항 활용
- 가격에 민감한 순수여행객 대상
- 단일클래스 운영 및 상용고객우대제도 없음
- 기내식음료 유료화
- 최저 항공운임제
- 인터넷기반 항공권 판매 및 체크인
- 항공기 가동률 제고(지상 주기시간 극소화)
- 단일기종 보유
- 의사결정의 단순화(복잡한 본사조직의 과부하 현상 없앰)

가장 안전한 10대 LCC항공사(2016)

순위	항공사	항공사코드	설립년도	국 가
1	Jet Blue	B6	1998	미국
2	Virgin America	VX	2007	미국
3	Wesjet	WS	1996	캐나다
4	Aer Lingus	EI	1936	아일랜드
5	Flybe	BE	1979	영국
6	HK Express	UO	2013	홍콩
7	Jetstar Austrailia	JQ	2003	호주
8	Thomas Cook	MT	2003	영국
9	TUI Fly	X3	2007	독일
10	Volaris	Y4	2006	멕시코

출처 : AirlineRatings.com(2016)

ANCILLARY REVENUE(부가수익)

Ancillary Revenue는 항공사가 주 수입원인 항공운임에서 벗어나 승객의 짐 요금을 받고 선호좌석에 가격을 추가로 받으며, 기내에서 무상으로 제공되던 식음료를 유료화하는 등 승객이 항공기를 이용하면서 제공받는 모든 것에 가격을 매겨 수익을 창출하는 부차적인 수단으로 부가수익이라 일컫는다. 저비용항공사에게 부가수익 매출은 낮은 운임체계에서도 높은 영업이익률을 유지시킬 수 있는 중요한 수익원이다.

Ancillary Revenue는 LCC항공사들에게 이미 중요한 재정적 요건으로 다뤄지고 있으며, 최근에는 풀서비스FSC 항공사들도 Ancillary Revenue에 대해 관심을 갖고 비용절감 측면에서 점차 Ancillary Revenue을 도입하여 시행하는 추세이다.

항공사는 ① A La Carte Pricing, ② Commission Based Products, ③ Frequent Flyer Programs 등의 유형으로 Ancillary Revenue 정책을 운영하고 있다. A La

Carte Pricing은 음식점에서 메뉴별로 가격이 정해져 있듯이 승객이 항공사 예약에서부터 항공기에 탑승하여 기내서비스를 받는 전 과정에 경험하게 되는 하나하나에 가격을 부과하는 것을 말한다.

항공사는 승객이 예약콜센터 도움, 공항라운지 이용, 우선 탑승, 좌석 선택, 기내식 음료, 비상구열 좌석, 초과수하물 등 서비스를 받고자 하는 사항마다 요금을 정하여 운영하고 있다. Commission-based Products는 승객이 항공사의 웹사이트를 이용하여 호텔, 카렌탈, 여행보험사 등을 이용할 때마다 항공사가 수수료를 받는 부가수입을 의미한다. Frequent Flyer Programs에 의한 수입은 항공사가 호텔체인, 카렌탈, 신용카드사, 통신사, 소매유통회사 등과 사업파트너 제휴를 맺어 벌어들이는 수입을 말한다.

Ancillary Revenue는 전 세계 많은 항공사가 수익창출을 위해 적극 도입하여 운영하고 있다. 2013년 미국 항공사를 대상으로 한 부가수익 현황을 보면, 1위가 United Airlines으로 2013년에 Ancillary Revenue로 50억 달러를 벌어들였으며, 이는 항공사 전체수입에서 14.9%를 차지하였다. United Airlines은 승객 한 사람에게서 평균 41달러의 부가적인 수입을 벌어들인 것이다. 이제 항공사들은 Ancillary Revenue 없이는 생존할 수 없다는 말이 나올 정도로 Ancillary Revenue에 대한 재정적 비중이 높아지고 있다.

"부가수익의 이모저모"

[사례 1] 항공사 회장이 넓은 방에 크고 좋은 책상에 앉아 어떤 내용으로 부가요금Ancillary Charges을 승객에게 받아낼까 궁리하는 모습을 상상하는 것은 요즘은 그리 어려운 일이 아니다(아마도 회장은 새로운 부가요금으로 Tray Table 사용료로 5달러를 부과할 생각을 갖고 있는지도 모른다). 이렇듯 부가

요금이 점점 늘어나고 있는 분위기 속에 한 미국 연방의원이 항공사들이 기내화장실 사용에 부가수입을 위해 요금을 내라고 할 수도 있다는 생각에, 아예 기내화장실 사용에 요금을 부과하지 못하는 법안을 제안했다.

실제로 5년 전 유럽의 Ryanair가 기내화장실 세 개 중 두 개를 없앤 대신 좌석을 더 늘리고 화장실 사용에 1유로 및 1파운드의 요금을 공지했다가, 여론으로부터 질타를 받자 실행에 옮기지 못했던 적이 있다.

[사례 2] 저비용항공사의 주 수입원이 항공권 판매가 아니라는 것은 이미 상식처럼 통한다. 대신 저비용항공사들은 각종 수수료와 유료상품을 통해 값싼 항공권 판매를 대신하며 수익을 얻는다. 대표적인 것 중의 하나가 수하물요금이다. 일반 항공사들이 일정분량의 무료 위탁수하물을 허용하는 것과는 달리, 저비용항공사들은 무료 위탁수하물이 거의 없다. 짐을 부치려면 무조건 비용이 발생한다는 뜻이다.

대표적인 아시아의 저비용항공사인 에어아시아Air Asia가 2016년 위탁수하물 요금제도를 변경했다. 수하물요금을 어느 시점에 지불하느냐에 따라 요금이 달라진다는 것이다. 지금도 콜센터, 홈페이지를 통해 지불하는 수하물 요금이 공항에서 지불하는 것보다 저렴하게 차등을 두고 있으나, 앞으로는 언제 지불하느냐 하는 시점의 차이에 따라서도 요금에 차등을 둔다.

예를 들면, 우리나라 인천공항 출발, 말레이시아 쿠알라룸푸르행 에어아시아 항공편을 이용할 때에 수하물 20kg을 하나 부친다고 가정한다.

에어아시아, 인천－쿠알라룸푸르 구간, 20kg짜리 짐 한 개 부칠 때

(1) 첫 예약할 때 짐 요금 : 35,900원

(2) 예약 이후 짐 요금 : 41,300원

(3) 공항에서 짐 요금 : 55,000원(15kg)+100,000원(2만원×5kg) = 155,000원

35,900원이면 가능했던 위탁수하물 요금이, 자칫 잘못하면 155,000원이라는 요금폭탄으로 돌아올 수 있음에 유의해야 한다.

출처 : 항공여행정보

CBP : CUSTOMS AND BORDER PROTECTION(세관국경보호국)

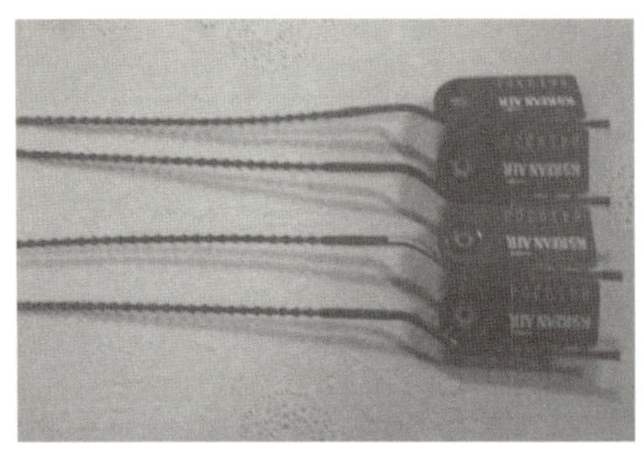

CBP는 2003년 3월 창설된 미국 국토안보부 소속의 국가안보와 경제를 위한 국경안보기관이다. 한마디로 CBP는 세관, 이민, 검역, 보안 등 각 기관이 나누어 집행하던 공항통관 업무를 하나로 통합한 총괄기관이다. 주요 임무로는 미국 입국을 시도하는 테러리스트 색출 및 무기반입 예방, 범죄기록을 가진 불법입국자 단속, 마약 등 불법약품, 질병 우려가 있는 농수산물 규제, 지적소유권 도난예방 등 광범위하게 미국으로 유입되는 불법적인 사람과 물품들을 색출하고 규제하는 책임을 가지고 있다.

CBP 규정에 따르면, 미국에 들어오는 항공기는 도착하기 전 기내에 탑재된 서비스용 주류용품과 기내판매용품들이 외부에 유출되지 않도록 잠금장치Red Seal를 하여야 한다. Red Seal을 하지 않은 것이 적발될 시에는 벌금을 물도록 규정하고 있다.

"CBP 벌금 경고통보"

객실사무실로 미국 워싱턴 공항지점으로부터 문서가 날아왔다. 문서는 워싱턴 CBP 명의의 경고장이었다. 엊그제 워싱턴공항에 도착한 대한항공 비행기에서 Red Seal을 하지 않은 주류가 보관된 음료카트가 발견된 것이었다. 승무원에게 확인해보니 항공기 도착 전에 담당승무원과 부사무장이 Red Seal을 한 것을 보았고, Seal번호까지 주류재고 서류Liquor Inventory List에 기록하였다는 것이다. 나중에 자세히 알아보니 Red Seal을 확실하게 잠금 상태로 하여야 하는데 그냥 걸어만 둔 것이었다. 보통 승무원들은 비행기 도착사인이 나오기 전에 맥주 또는 와인을 찾는 승객을 배려하여 미리 Red Seal을 걸어만 두고는 깜박 잊고 잠그지 않는 경향이 있다. CBP 직원의 지적에 객실사무실은 전 승무원을 대상으로 미주노선 비행근무 시 반드시 CBP 지적이 나오지 않도록 Red Sealing을 강조하는 공지를 급하게 내보냈다.

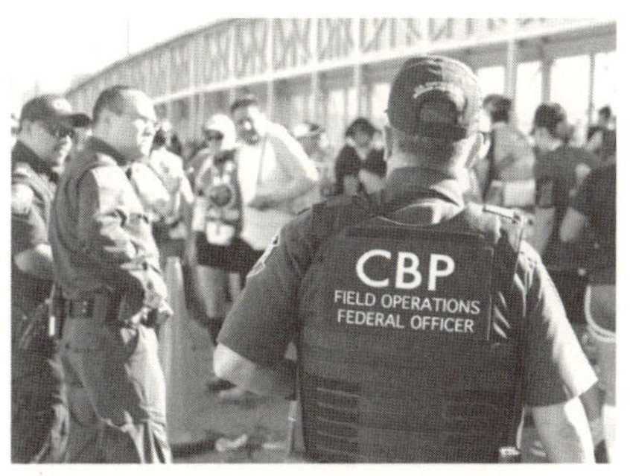

FREEDOMS OF THE AIR(하늘의 자유)

항공운송은 국제적인 성격뿐만 아니라 국가가 참여하는 특징이 있다. 항공사들은 자국을 대표National Flag하거나 국가소유인 경우가 있기 때문이다. 국제항공여행은 오랫동안 국가 간의 복잡한 규제 형태와 협상의 대상으로 여겨져 왔다. 이른바 1944년 시카고협약은 근본적인 항공운송 규정의 틀을 마련하였다. 그것이 오늘날까지 국제항공운송의 근간이 되는 '하늘의 자유'가 수립된 것이다.

'하늘의 자유'는 모두 9개로, 처음 2개의 자유는 모든 국가가 인정하고 있으며, 다음 3, 4, 5자유는 대부분 국가가 이해하고 받아들이고 있다. 6, 7, 8, 9자유는 공동의 인식이 안 되어 있다. 6, 7자유는 일부국가가 받아들이기는 하나 8, 9자유는 받아들이는 국가가 없다. '하늘의 자유'는 시카고협약을 체결한 국가 간에 협상을 하여 각 자유에 대한 구체적인 협정을 맺는다.

- 제1의 자유(통과권) : 타국에 착륙하지 않고 영공을 통과하는 권리
- 제2의 자유(기술착륙권) : 승객과 화물의 운송취급 없이 급유 및 정비와 같은 기술적 이유로 상대국에 착륙하는 권리

- 제3의 자유 : 항공사가 자국에서 승객과 화물을 싣고 상대국으로 운송할 수 있는 권리
- 제4의 자유 : 항공사가 상대국에서 승객과 화물을 싣고 자국으로 운송하는 권리
- 제5의 자유이원권; Beyond Right : 항공사가 상대국과 제3국에서 승객과 화물을 운송할 수 있는 권리
- 제6의 자유 : 항공사가 상대국에서 승객과 화물을 싣고 자국을 경유하여 제3국으로 수송하는 권리
- 제7의 자유 : 항공사가 자국에서 출발하거나 기착하지 않고, 상대국과 제3국간만 왕래하면서 승객과 화물을 수송하는 권리
- 제8의 자유연속 Carbotage : 항공사가 자국에서 출발하여 상대국 국내 지점 간 승객과 화물을 수송하는 권리
- 제9의 자유단일 Carbotage : 상대국 내에서만 운항하며, 상대국 국내 지점 간 승객과 화물을 수송하는 권리

* 주 : Carbotage는 항공사가 상대국가 내에서 두 지점을 운송하는 것을 말한다.

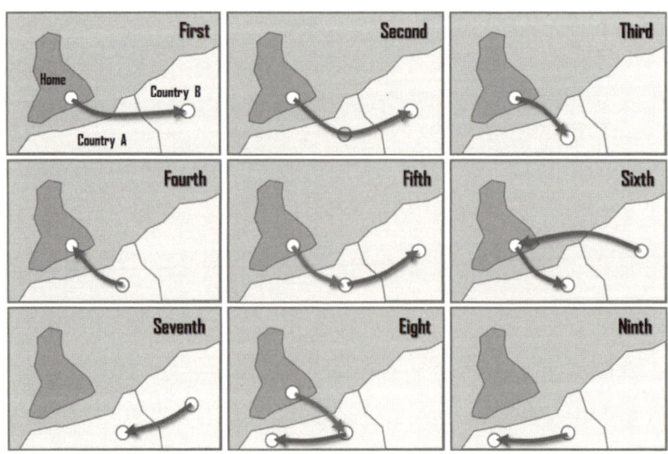

출처 : Airlines Net

HUB AIRPORT(허브공항)

허브공항은 승객이 최종 목적지로 가기 위해 비행기를 갈아타야 하는 환승 시설을 갖춘 공항을 뜻한다. 항공사는 허브공항을 모기지로 사용한다. 본사가 있고 승무원과 정비 등 항공사 인력과시설이 있는 중심 공항이다.

허브공항은 미국이 198년 항공규제완화 정책을 도입한 이후부터 생겨나기 시작했다. 승객을 한 지점에서 다른 한 지점으로 운송Point-to-point하는 방식에서 Hub and Spoke시스템[8]을 도입하여 많은 승객을 다양한 목적지로 운송하게 되었다.

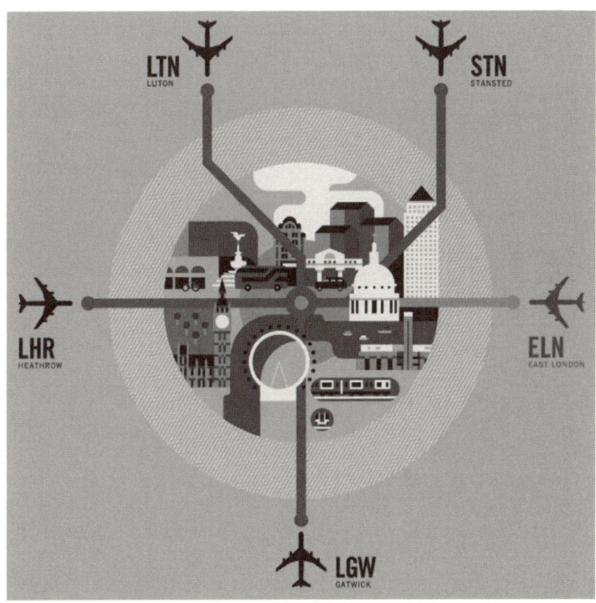

출처 : Airport Watch

8_ Hub and Spoke는 자전거바퀴 모양처럼 바퀴 중심(Hub)에 바퀴살(Spoke)이 여러 방향으로 뻗어져 있는 것과 같이 허브공항을 중심으로 여러 노선이 연결되어 있는 것을 말한다.

DIRECT FLIGHT(직항편)

직항편은 동일한 항공기로 목적지에 도달하기 전에 중간 기착지를 경유하여 가는 항공편을 말한다. 기술적으로는 항공편수가 변경됨이 없이 운항하는 것을 말한다. 중간 기착지에서 승객이 하기 또는 새로운 승객이 탑승하기도 한다.

Non-stop Flight
항공기가 중간에 경유함이 없이 출발지에서 목적지까지 운항하는 것을 말한다.

Connecting Flight
목적지까지 가기 위해서는 한 번은 중간 기착지에서 다른 항공편수로 항공기를 갈아타는 항공편을 말한다. 항공기를 갈아타기 위해서는 터미널이 다를 수도 있고, 위탁수하물을 찾아야 하는 불편도 있을 수 있다.

AIRPORT KIOSK(공항 키오스크)

Kiosk는 거리나 건물에 세워진 신문이나 잡화를 파는 간이형 판매점 또는 간단한 스낵을 판매하는 상점과 같은 조그마한 구조물을 말한다. 터키어에서 유래된 Kiosk는 초기에는 우리나라의 정자와 같은 모양을 지닌 구조물을 일컬었다. 컴퓨터기술의 발달로 공항에서도 승객 스스로 체크인이 가능하도록 개발된 Kiosk가 생겨나기 시작했다. 항공기 탑승을 위한 체크인에는 체크인 카운터를 이용한 고전적인 방식에서 현재는 웹Web 체크인, 모바일 체크인, 그리고 Kiosk에 의한 체크인이 있다.

Kiosk 체크인은 예약이 확약된 e-티켓을 소지한 승객이 스스로 Kiosk 체크인을 통해 프린트된 항공권과 탑승권을 발급받을 수 있으며 위탁수하물도 처리할 수 있게 되었다. Kiosk 체크인은 탑승수속을 편하고 빠르게 할 수 있다는 장점과 항공사는 체크인 카운터 공간이 불필요하고 직원을 따로 두지 않아도

되는 비용절감 측면의 효과가 있어 점차 공항에 Kiosk가 늘어나고 있는 추세이다. Airport Kiosk 기능은 다음과 같다.

- 체크인 및 탑승권 발급Check in and Print boarding pass
- 항공권 발급Print ticket receipt
- 위탁수하물 처리Check baggage
- 위탁수하물 태그발급Tag baggage
- 좌석선택 또는 좌석변경Select or change seat
- 마일리지 입력Add your Mileage number to your reservation
- 당일항공편 변경Change flight for same-day travel
- 항공편 지연 및 취소 시 대체항공편 선택Find alternate flights if original flight is delayed or canceled

MAAS : MEET AND ASSIST(공항의전)

MAAS는 공항에서 VIP 등 주요인사들을 대상으로 입국과 출국 수속을 간결하고 빠르게 진행되도록 도움을 주고, 귀빈승객을 비행기까지 에스코트하는 등의 의전활동을 일컫는다. MAAS 담당직원은 VIP승객의 여정을 미리 파악하고, VIP승객을 공항에서 영접하며 비행기를 탑승할 때까지 일련의 공항수속 절차를 대행하여 편안한 서비스를 제공한다.

항공사는 MAAS서비스를 적용받는 주요 인사들의 직위와 직책을 내부적으로 규정하여 운영하고 있다.

TIM : TRAVEL INFORMATION MANUAL(항공여행정보매뉴얼)

TIM은 각 국가가 규정하고 있는 출입국에 관련하여 필요한 정보들을 수록한 여행안내 정보지이다. TIM에는 국가별로 자국에 대한 지정학적 소개와 함께 입국에 필요한 여권, 비자, 보건, 공항세, 세관, 외환 등의 정보를 수록하고 있다.

- 여권 : 유효기간, 면제조건, 통과여객 제한규정, 승무원 여권규정 등
- 비자 : 면제규정, 재입국 허가, TWOV규정, 선원 비자규정
- 보건정보 : 예방접종 여부, 말라리아, 황열병, AIDS 등 질병정보, WHO(세계보건기구) 권고정보, 유용한 보건정보
- 공항세 : 공항세액, 지불장소, 면세조건
- 세관 및 외환 : 여행자휴대품 면세범위, 애완동물 반입규정, 통관 규제물품, 세관반출 규정
- 기타 : 면세허용량, 짐 규정 등

TIM은 최신 국가별 정보를 유지하기 위해 IATA가 주관하여 월별로 발간하고 있다. TIM은 책자로뿐만 아니라 고객이 필요한 최신의 정보를 신속히 알 수 있도록 TIMATICTravel Information Manual Automatic이란 이름으로 전산화하였다.

AIR CARGO(항공화물)

항공사는 여객과 화물을 목적지까지 운송하는 것을 주목적으로 사업을 한다. 대부분의 대형항공사는 수익창출을 위해 화물을 운송사업 범위에 포함하고 있다. 항공화물은 3가지 유형으로 취급하고 있다. 첫째는 정기편 여객기Passenger Aircraft 객실 하단에 위치한 화물칸Belly에 승객의 짐 등 화물을 탑재한다. 두 번째는 화물만을 전용으로 탑재하여 운송하는 화물전용기Cargo Aircraft가 있다. 마지막으로는 여객기의 객실 뒷부분에도 화물칸을 만들어 여객과 화물을 동시에 운용하는 화객혼용항공기Combi Aircraft가 있다. 민항공 역사 초기에는 항공화물 운송이 여객기의 남는 공급력을 활용하는 수준이었으나, 1960년대 이후부터 항공화물의 비율이 높아지면서 많은 항공사들이 정기적인 항공화물 운송서비스를 도입하기 시작했다. 항공화물의 급증으로 여객이 아닌 화물만을 전문으로 운송하는 화물전용 항공사가 생겨났다. 화물전용 항공사에는 미국의 Flying Tiger와 DHL이 있고, 룩셈부르크의 Cargolux, 일본의 Nippoin Cargo 항공사가 있다. 저비용항공사의 경우에는 화물 운송사업을 하지 않는 경영전략으로 인해 별도의 화물전용기를 보유하고 있지 않다.

ULD : UNIT LOAD DEVICE(단위탑재용기)

ULD는 화물을 항공기에 탑재하기 위한 수단으로 사용되는 용기를 말한다. ULD는 화물의 크기와 무게 등 형태에 따라 Pallet, Container, 특수 ULD 등 3가지 단위용기로 구분하여 사용하고 있다.

ULD 작업에는 많은 안전사고 위험요소가 뒤따른다. IATA에 따르면, 세계적으로 매년 ULD의 파손 및 손실로 인한 피해금액이 3억 달러에 이른다. ULD 작업 때문에 항공기 손상, 항공기 지연, 운항 취소 등 항공사에 미치는 영향이 크다. 항공사는 올바른 ULD 사용과 안전한 탑재를 위한 ULD 작업 규정과 매뉴얼, 교육훈련 등의 표준지침을 운영하고 있다.

Pallet(PLT)

PLT는 금속으로 된 평평한 판으로써 그 위에 화물을 적재한 후 그물을 사용하여 화물을 고정시킨다. 이렇게 작업된 PLT를 항공기에 탑재하여 바닥에 장착된 장비를 사용하여 항공기 바닥에 고정시킨다.

Container(CTNR)

CTNR은 항공기 내부구조에 맞게 제작된 단위탑재 용기로 크기에 따라 다양한 형태가 있다.

특수 ULD

생·동물, 온도조절을 요하는 화물의 경우, 추가기능이 있는 특수 ULD를 사용한다.

CHAPTER 04

운항, 정비 전문용어

객실승무원은 비행기 운항원리와 작동에 대한 기초적인 지식이 필요하다. 이륙부터 착륙하는 여러 비행 단계에서 객실승무원은 운항 절차를 잘 이해하고 있어야 승객의 안전과 서비스를 효과적으로 시행할 수 있다. 기장을 포함한 운항승무원과 업무를 협조하기 위해 최소한의 운항에 관련된 기본 용어에 대한 지식을 갖추고 있어야 한다.

기내에는 여러 설비와 장비들이 갖춰져 있다. 특히 기내서비스시스템은 날로 개발되어 조작하는데 복잡한 구조를 갖추고 있다. 최근의 첨단 항공기들은 좌석, AVOD, 오븐 등 승무원이 능숙하게 다뤄야 할 기내설비들이 점점 많아지고 다양해져가고 있다. 객실승무원은 기내현장에서 정비사와 긴밀하게 기내 설비와 장비에 대해 협조를 아낌없이 해야 하는 환경에 있다. 기내정비와 관련된 전문용어에 대한 깊은 이해가 반드시 필요하며, 용어 적응에 노력을 아끼지 말아야 한다.

Aviation Terminology

PIC : PILOT-IN-COMMAND(기장)

PIC는 비행임무를 가진 조종사들 중에 항공기의 운항통제와 안전에 최종적인 책임과 권한을 갖는 기장으로 항공사가 지명한다.

PIC는 항공기의 비상상황 시에 그 상황에 가장 잘 대처하기 위해 규정에 벗어난 조치를 취해도 된다. 또한 항공기 운항 전에 항공기의 안전상태 및 정비 등 기술적 문제가 있을 시에는 운항을 중단할 수 있다. 그만큼 PIC에게는 항공기 안전을 위해서라면 절대적인 권한을 가지고 있다.

PIC와 객실승무원은 비행 중에 안전 및 비정상 상황을 대비하여 긴밀하게 접촉하고 원활한 의사소통을 유지해야 한다. 장거리 비행의 경우에는 한 비행기에 기장 직급을 가진 조종사가 최소 두 명 이상 탑승한다. 그러다보니 객실승무원은 누가 그날의 PIC인지 궁금해 한다. 객실승무원과 함께 하는 합동브리핑을 진행하는 기장이 바로 그날의 PIC이다. PIC는 브리핑에서 기상 및 운항상태 등 안전관련 정보를 제공하고, 객실승무원이 서비스하는데 운항상의 문제가 없도록 상호 커뮤니케이션에도 주도적인 역할을 갖기도 한다.

F/O : FIRST OFFICER(부기장)

부기장은 조종실에서 기장의 오른쪽에 앉아 기장과 공동으로 운항을 담당한다. 보통 부기장을 Co-pilot이라고 부르기도 한다. 부기장은 기장이 역할 수행불능상태가 되면 기장의 역할을 맡아 항공기 운항의 책임과 통제를 하게 된다. 그러나 부기장이 훈련의 목적상 기장 역할을 수행하는 경우가 있다. 이럴 때에도 항공기 운항 책임은 여전히 기장에게 있다. 평소 부기장은 기장을 도와 운항 전 브리핑 때부터 운항정보를 검색하고, 항공기에서는 운항안전 체크리스트에 따라 조종실의 각종 계기들을 점검한다. 비행 중에는 기장의 운항 상태를 모니터링하고, 문제발견 시에는 적극적으로 기장과 소통을 유지하며 안전비행에 부수적인 책임을 갖는다.

부기장은 유니폼에 청색바탕에 금색 세 줄로 된 견장을 하고 있어 쉽게 기장(금색 4줄)과 식별이 된다. 최근 일련의 항공사고에서 부기장의 역할이 중요시되고 있다. 가장 대표적인 부기장에 의한 사고가 독일 항공기에서 일어났다. 2015년 3월 24일 스페인 바르셀로나에서 독일 뒤셀도르프로 향하던 저먼윙스 4U9525편의 부기장이었던 루비츠는 기장이 화장실에 간 사이 조종석의 문을 잠근 채 비행기를 알프스 상공에서 고의로 추락시켰다. 이 사고로 승객과 승무원 150명이 전원 사망했다. 조사결과에 따르면, 루비츠는 심각한 우울증을 앓았으며 사고 직전까지 의사들에게 "불면증과 시력손상에 시달리고 있다."고 호소한 것으로 나타났다. 이 사고 후 많은 항공사가 조종실에 반드시 두 명이 있도록 하는 규정을 강화하였다.

"조종실 비워두면 큰일"

국토교통부는 국적항공사들에 "모든 상황에서 조종실에는 항상 두 명이 상주하도록 자체 보안 관련 매뉴얼을 개정하라."는 공문을 발송했다. 저먼윙스 사례처럼, 조종사가 화장실 용무 등으로 조종실을 벗어나야 할 경우 객실승무원이 조종실로 들어와 대체한 후에 자리를 비울 수 있도록 보안규정을 강화하라는 것이다. 한편, 유럽항공안전청EASA도 저먼윙스사고 후 조종실에 반드시 두 명이 함께 있도록 항공사들에 규정 변경을 권고했다. 미국의 경우엔 2001년 발생한 9·11 테러 이후 '조종실 2인 상주' 규정이 도입되었다.

출처 : YTN

Joint Briefing(합동브리핑)

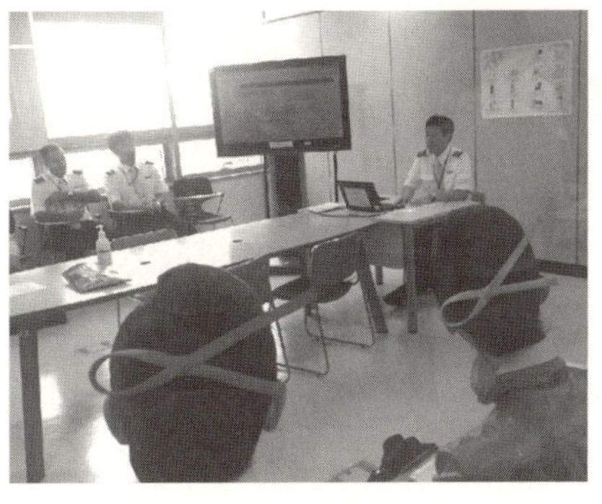

합동브리핑은 항공기 출발 전에 객실승무원이 참가한 가운데 운항승무원이 주관하는 브리핑이다. 항공사들은 합동브리핑 실시 시각 및 장소에 대해 자체적인 규정을 두고 있다. 대한항공을 예로 한다면, 국제선인 경우 합동브리핑은 1시간 20분 전에 실시한다. 다만, 항공기가 어떤 사유에 의해 예정된 출발시간이 많이 늦어질 때에는 기장이 브리핑시간과 장소를 조정할 수 있다.

합동브리핑에서 기장은 계획된 비행시간, 고도, 항로 등 운항정보와 항로상 및 목적지 기상, 그리고 비행 중 기체요동Turbulence이 발생할 지점과 시간을 객실승무원에게 알려준다. 또한 기내에서 발생할 수 있는 화재 등 각종 비정상

상황 시를 예상하여 객실승무원과의 의사통신 및 비상절차에 대해 협조를 구하고 제반 안전규정을 재확인하는 시간으로 활용되기도 한다.

객실승무원은 합동브리핑에서 습득한 다양한 운항정보를 바탕으로 기내에서 승객들에게 안전과 서비스를 만족스럽게 제공하기 위한 계획과 절차를 세운다.

CRM : CREW RESOURCE MANAGEMENT(승무원 자원관리)

CRM은 휴먼에러Human Error : 사람에 의한 과실로 항공사고가 날 수 있는 조종실 환경을 개선하기 위해, 기장과 부기장 등 조종사들 간의 대화와 리더십, 의사결정을 효과적으로 증진하는 데에 목적을 둔 훈련의 일종이다.

CRM이 공식적으로 도입된 계기는 항공기사고를 통해서이다. 1978년 12월 미국 포틀랜드공항에 가까워진 UA소속 항공기에 착륙기어가 고장 난 것을 발견한 기장은, 한 시간 동안 착륙기어 문제를 해결하는 데에만 신경을 쓴 나머지 연료가 떨어져가는 것을 알지 못했다. 결국 비행기는 추락했고 탑승객과 승무원 모두가 사망했다.

이 사고의 원인을 조사한 NTSB는 기장이 부기장의 연료가 줄어들고 있다는 말을 무시한 것으로 드러났다. 조종실의 위급한 상황에서 승무원 간에 대화가 이루어지지 않았고, 기장이 전체상황을 파악하지 못한 리더십과 의사결정이 사고원인이라 파악한 NTSB는, 조종실의 운항승무원들을 대상으로 CRM 훈련을 권고하였다. 사고를 낸 UA항공사는 1981년 조종사들을 대상으로 미국 최초로 CRM 훈련을 도입하였다.

처음에는 지금의 CRM을 Cockpit Resource Management의 약어로 불렀다. 이 말을 처음 사용한 미국항공우주국NASA의 존 라우버 심리학자는 수년 동안 조종실에서의 대화 문화를 연구해왔다. 그는 조종실의 지휘체계를 유지하되 권위적인 조종실 문화를 없애고, 만약에 부기장이 조종실에서 누구에 의해서든 실수를 감지했다면, 기장에게 과감하게 문제를 제기하는 조종실로 만들어가는 것이 CRM의 개념이라 주장했다.

최근에는 조종실뿐만 아니라 항공기 전반의 안전증진을 위해 CRM의 대상을 객실승무원까지 확대 포함하는 합동승무원자원관리Joint Crew Resource Management : JCRM 훈련이 진행되고 있다. JCRM은 운항승무원과 객실승무원이 합동으로 훈련을 받으며 상호간의 의사소통과 승무원 협동, 상황인식, 경청방법, 의사결정 방법 등을 내용으로 훈련이 이루어지고 있다.

우리나라는 2010년부터 승무원자원관리CRM 과정을 이수하지 못한 자는 승무원의 임무를 수행할 수 없도록 법으로 규정하고 있다.

PUSH BACK(푸시백)

공항관제탑의 출발 허가를 받은 비행기가 최초로 움직여 나갈 때, 비행기를 뒤로 밀어주는 행위를 Push Back이라 한다. Push Back은 비행기 외부의 힘으로 뒤로 간다. 외부의 힘이란, 비행기 동체 앞부분에 있는 노스Nose 기어에 Tug Bar를 연결한 토잉카Towing Car 또는 트랙터Tractor가 밀고 가는 것을 말하다. 물론 비행기 자체 엔진의 힘으로 비행기를 뒤로 가게 할 수도 있지만, 이 경우 엔진출력으로 자칫 공항터미널 빌딩이나 게이트에 손상을 주거나 강한 바람이 일어 주변 물체나 사람을 손상시킬 수도 있고, 바람에 모래나 이물질이 날아다녀 이물질이 엔진에 흡입 시 엔진을 망가뜨릴 수도 있기 때문에, 비행기는 외부의 토잉카와 같은 동력수단으로 Push Back을 한다. Push Back이 완료되면 비행기는 자체 엔진의 힘으로 앞으로 전진해 나간다.

TAXIING(지상활주)

Taxiing은 항공기가 공항게이트에서 벗어나 이륙하기 전까지 지상에서 비행기 자체엔진의 힘으로 움직여가는 것을 말한다. 항공기가 게이트에서 벗어나 이륙하는 지점까지 가는 길을 유도로Taxiway라 한다. 기장은 Taxiing 중에 항공기 진행 방향과 속도를 준수하며 주변에 다른 항공기나 물체가 있는지 육안으로 확인한다. 만약에 비행기의 날개 끝이 다른 항공기와 맞닿을 것 같으면 엔진을 정지하고 비행기가 안전한지에 대해 확인을 해야 한다.

기장은 Taxiing 중에 다른 항공기가 이륙·착륙하는지도 잘 살펴보아야 한다. 급격한 회전이나 회전 반경을 너무 넓게 한다든지 하는 것도 주의해야 한다. Taxiway에서의 비행기 속도는 보통 시간당 9~37km로 비교적 느리게 간다.

미국 공항들은 비정상적인 활주로 침범Runway Incursion사고가 매년 급증하여 고심하고 있다. Runway Incursion이란 이륙·착륙하는 지정된 구역에 항공기, 차량, 사람이 갑자기 나타나는 안전사고 유형을 말한다. 지난해(2014년)에만 1,200건이 넘는 건수가 발생했다.

객실승무원은 항공기가 Taxiing 중에는 승객들의 안전을 위한 활동을 신속히 종료하고, 자신의 좌석에 앉아있어야 한다.

STERILE COCKPIT(스테럴칵핏)

Sterile Cockpit이란 항공기가 지상이동 및 비행고도 1만 피트 이하를 '비행중요단계'라고 하는데, 이 비행중요단계에서는 안전업무가 아닌 일로 운항승무원의 업무를 방해해서는 안 되는 규정을 말한다. 미국연방항공청FAA이 비행중요단계에서 기장이 안전이 아닌 일로 인해 운항에 집중하지 못하고 산만해져 사고가 나는 사례가 있자, 1981년 이 규정을 처음 도입하였다.

1974년 9월 이스턴항공사 비행기가 안개가 짙게 낀 중간 기착지 노스캐롤리나 샤롯데공항에 계기착륙을 하다가 추락하는 사고가 발생했다. 이 사고는 착륙을 해야 하는 시점에 조종사들은 비행과 관계없는 불필요한 사담을 나눴고, 느슨해진 조종실 분위기에 산만해진 기장이 비행고도가 너무 낮은 것을 알아채지 못한 데서 발생되었다.

우리나라도 비행중요단계에서 운항승무원의 임무수행을 산만하게 하거나 방해가 되는 어떤 행위도 해서는 아니 되며, 기장은 이를 허용해서도 아니 된다고 규정하였다. 임무수행에 방해되는 일이란 조종실에서 취식, 비행과 관련 없는 불필요한 대화 및 간행물을 보는 행위, 그리고 안전과 관련 없는 내용의 객실승무원과 대화 등을 말한다(운항기술기준 8장4조). 다만, 비행중요단계라 해도 기내에 화재 및 응급환자 발생과 같은 안전상황 발생 시에는 객실승무원은 기장에게 긴급신호를 보내도록 예외규정을 두고 있다.

Sterile Cockpit 개념은 객실승무원에게도 확대 적용되어 항공기가 지상에 있을 때와 이륙 및 착륙하는 시점에는 안전 활동 이외의 다른 일(서비스)은 하지 못하도록 규칙을 세웠다.

ATC : AIR TRAFFIC CONTROL(항공교통관제)

항공교통관제는 항공기의 충돌방지 및 비행장 주변의 안전하고 신속하게 원활한 항공교통 흐름을 유지하기 위해 항공기를 통제하는 제반기능을 의미한다. 항공기에 대한 관제방식에는 지상관제Ground Control, 관제탑관제Tower Control, 접근관제Approach Control, 그리고 항로관제Air Route Traffic Control로 구분한다.

항공교통관제사와 운항승무원과의 교신할 때의 언어는 영어가 주로 사용된다. 우리나라 「항공법」에는 "모든 조종사 및 관제사는 ICAO 항공영어시험에서 4등급 이상을 얻어야 한다(제34조의2)."라는 조항이 있다. 4등급은 업무수행이 가능한 수준이다.

세계 최초의 항공교통관제 업무를 시작한 곳은 1921년 영국 런던의 크로이던공항이다. 그 당시 관제는 유리창문으로 둘러싸인 높은 관제탑에서 망원경을 사용하여 육안으로 하였다. 지금은 레이더시스템에 의한 최첨단 기법으로 관제사들은 조종사에게 항공기 출발 허가를 내리고 이륙을 지시하며, 착륙하는 비행기와 이륙하는 비행기의 간격을 조정하고 관제공역에 들어오는 항공기가 안전하게 착륙하도록 공항정보를 제공한다. 공항조건에 따라 다르지만, 일반적으로 항공기 간의 간격은 9~18km로 하고 있다. 관제사가 업무수행 중 자신의 판단에 따라 운항 중인 항공기의 진행순서를 변경하는 것은 얼마든지 가능한 일로, 조종사는 이에 대하여 부당하다고 불평해서는 안 된다.

미래의 관제기술은 다른 항공기의 위치를 알 수 있는 장비를 조종실에 설치하여 지상관제소와 다른 항공기에서 보내는 속도, 고도 등의 정보를 모니터하는 것이다. 이 기술은 항공기의 위치를 실시간으로 알 수 있는 위성위치확인시스템GPS을 이용하는 것이다.

미래의 공항관제는 착륙하는 항공기가 관제사의 도움 없이도 스스로 다른 항공기와의 간격을 유지하며 안전하게 착륙하는 시스템이 가능해지는 것이다.

"활주로 무단진입 실수"

지난 2012년 7월, 일본 나하공항에서 중국동방항공기가 관제사의 지시를 잘못 알아듣고 활주로로 진입하는 바람에 착륙 중이던 에어아시아재팬 항공기와 충돌하려 한 준사고가 발생했었다. 에어아시아재팬 항공기가 활주로 4km 앞까지 접근하여 육안으로 활주로에 들어선 중국동방항공기를 발견하고 급히 기수를 들어 사고를 피한 것이었다.

보고서에 따르면, 관제사는 'Hold Short of Runway(활주로 앞에서 대기하라)'라는 지시를 중국동방항공 조종사들은 'Line Up and Wait(활주로에 정렬하고 대기하라)'라고 잘못 알아들었다. 조종사는 절차에 따라 'Line Up and Wait'라고 다시 복명복창했지만, 이 역시 나하공항 관제사들도 제대로 알아듣지 못한 것으로 밝혀졌다.

WIDE-BODY AIRPLANE(중 · 대형 항공기)

항공기를 보통 기종에 따라 달리 불리기도 한다. Wide-body 비행기란, 기내에 승객통로가 두 개인Twin Aisle 비행기를 지칭한다. 보통 좌석이 200석 이상인 중·대형 항공기가 해당된다. 항공역사에 있어 최초의 Wide-body 항공기는 1970년에 출시된 보잉사의 B747 비행기이다.

이와 반대로, 기내통로가 하나인Single Aisle 소형 비행기는 Narrow-body 비행기라 불린다. 좌석이 200석 미만인 소형 항공기를 말한다. 대표적인 항공기는 보잉사의 B737과 에어버스사의 A320이 있다.

RAMP(램프)

램프는 항공기가 터미널과 근접하여 주기되어 있는 곳 또는 정지되어 있는 항공기 주변으로 작업용 차량들이 오고가는 곳이기도 하다. 한마디로 항공기에 사람 또는 짐을 탑재하거나 하기시키는 등 항공기를 띄우기 위해 필요한 여러 작업이 이뤄지는 곳이다. 항공기 연료를 넣는 작업, 승객의 짐을 탑재하거나 하기시키는 작업, 정비사들이 기체 외관을 점검하는 일들을 하는 구역을 통틀어 램프라 한다.

램프는 항공기 안전을 위해 항상 청결한 상태를 유지해야 한다. 램프에 플라스틱, 비닐, 종이, 나사못 등 작은 이물질들이 없도록 램프 작업자들은 유의해야 한다. 또한 램프에는 화재를 대비한 대형 소화기가 비치되어 있어야 하며,

작업자들 역시 부상이나 사고예방을 위해 안전모 또는 안전보호복 등을 착용하고 있다. 특히 작업차량들은 램프교육을 이수한 자격증을 소지한 자가 운전하고, 항공기와 접촉사고가 나지 않도록 램프교통 규정을 지켜야 한다.

공항 램프작업 시 안전사고가 끊이지 않고 증가추세에 있어 안전대책 마련에 힘쓰고 있으며, 2015년 8월 캐나다에서는 최초로 전국 24개 공항이 참여하는 '공항안전주간' 캠페인을 추진하기도 했다.

객실승무원은 항공기가 램프인Ramp-in 또는 램프아웃Ramp-out이라는 말을 자주 듣게 된다. '램프인'은 항공기가 게이트로 진입하는 상황을 뜻한다. '램프아웃'은 항공기가 출발하기 위해 Push Back할 때 사용되는 말이다.

NOTAM : NOTICES TO AIRMEN(항공고시보)

NOTAM은 항공기의 안전운항을 위해 조종사에게 항로상의 잠재적 위험이나 목적지 공항의 주기장 시설 및 설비 고장, 유도로Taxiway의 장애물, 활주로 폐쇄 및 변경, 비행장 이동지역 내 표지 고장 등 안전에 위험을 줄 수 있는 새로운 정보를 알려주는 국가에서 실시하는 고시이다.

NOTAM은 기상정보와 함께 항공기 운항에 없어서는 안 될 중요한 정보이다. 조종사는 비행에 앞서 반드시 NOTAM을 체크하여 출발의 가부, 코스의 선정 등 비행계획의 자료로 삼고 있다.

NOTAM은 국제민간항공기구ICAO 전신부호에 의해 텔레타이프(인쇄전신)로 보내진다. 항공안전 전문가들은 항공기 운항에 영향을 줄 수도 있는 어떠한 상황이든 모두 노탐NOTAM 정보에 필요하다는 것을 강조한다. 우리나라의 경우, 북한의 동해상 미사일 발사 등 항로상의 위험지역을 안전하게 우회할 수 있도록 노탐을 통해 항공기에 정보를 제공한다. NOTAM은 현재 통신에 의한 정보제공 방식에서 웹베이스의 시스템으로 개선되어 항공기의 조종사에게 노탐정보를 적시에 전달할 수 있는 기술이 개발되고 있다.

"사전 운항정보 알려줘"

대규모 열병식이 열리는 중국 수도 베이징의 서우두(首都)공항 인근에 임시 비행금지구역이 설치된다.

서우두공항을 관제하는 민용항공국 공중교통관리국은 열병식 당일 오전 9시 30분부터 12시 30분까지 3시간 동안 이 공역 내 모든 항공기 운항이 일시 금지된다는 내용의 '항공고시보NOTAM'를 발표했다. 이 시간 내 금지지역을 지나는 항공기는 우회해야 한다.

출처 : 뉴시스

APU : AUXILIARY POWER UNIT(보조동력장치)

APU는 항공기가 지상에 있는 동안 엔진을 처음 작동할 때 동력을 제공하는 설비이다. APU는 전기에너지를 만들어 내며 엔진발전기의 고장 시 대체 전원 및 지상에서 항공기에 전기를 공급한다. APU는 대체로 비행기 꼬리부문에 장착되어 있으며 기내 에어컨디션 작동과 기내조명 작동에 사용되어 기내 쾌적성 유지에도 필요한 장비이다. APU는 엔진을 보조하는 제3의 엔진이라 불리기도 한다.

항공기 운항에 APU의 중요성이 큰 만큼, 화재로부터 보호하기 위해 APU는 불연소성 티타늄 재질로 감싸있으며, 화재를 감지하는 장치와 자동소화 장치를 갖추고 있어 안전하게 작동되도록 하고 있다.

GPU : GROUND POWER UNIT(지상동력장치)

GPU는 항공기가 지상에 있는 동안 승객 탑승이 이루어지기 전까지 항공기에 접속하여 기내조명, 전자설비 등에 필요한 전원을 공급해 주는 지상동력장치이다.

GPU는 디젤엔진과 발전기로 이루어진 지상 장비로서 디젤엔진 발전기를 구동하여 항공기에 필요한 전기를 얻는 장비이다. 항공기에서 사용되는 발전기 및 부속장치들은 끊임없이 향상되어 그 결과 항공기의 전기 계통에 결함이 발생하여도 안전성을 갖도록 설계되었다.

승객들보다 일찍 항공기에 탑승하는 객실승무원들은 추운 겨울날 가끔 기내에 난방시스템이 가동되지 않아 정비사에게 추위를 호소하는 경우가 있다. "GPU 좀 연결해 주면 안 되나요?"(경비절감 차원에서 항공사마다 GPU 제공시점을 엄격하게 다루고 있다)

FLAP(플랩)

FLAP은 항공기를 뜨게 하는 양력을 높이기 위한 장치로, 항공기 날개 뒤쪽에 장착되어 있다. 항공기가 이륙을 하기 위해서는 항공기 날개 뒤로 달려있는 플랩Flap이 밑으로 펼쳐져 나온다. 넓게 펼쳐져 나온 플랩의 영향으로 양력이 높아지고, 이 높아진 양력으로 항공기가 순조롭게 이륙을 한다. 반대로, 착륙 시에는 플랩이 펼쳐지면서 착륙 속도를 감소시켜 짧은 거리에 항공기가 멈출 수 있도록 한다. 항공기가 순항 중에는 플랩은 작동하지 않는다.

FLAP이 완전히 펼쳐진 모습은 마치 새들이 날기 위할 때나, 내려앉으려고 할 때 접혀졌던 날개를 활짝 편 것과 같은 모습을 연상하게 한다.

WINGLET(윙릿)

WINGLET은 항공기 주날개 끝에 구부러진 작은 날개로 알려져 있다. 비행할 때 항공기 날개 끝에는 공기압력 차이로 작은 회오리바람이 발생한다. 이처럼 공기저항을 높이는 현상을 '와류(소용돌이)현상'이라고 부르는데, 연료를 잡아먹는 주범으로 꼽힌다. 이를 막으면 연료효율을 높일 수 있다. 실제 윙렛을 붙인 항공기는 윙렛이 없는 항공기보다 3.5~4% 정도 연료효율이 좋아지는 것으로 나타났다.

여객기 최초의 윙렛은 보잉사가 1985년 747 항공기에 장착하였다. 에어버스사는 '샤클렛Sharklets'이라 부른다. 윙렛은 그 자체가 날개로 작용하게 되어 날개가 길어지게 만드는 효과를 준다.

ACARS : AIRCRAFT COMMUNICATION ADDRESSING AND REPORTING SYSTEM(운항정보교신시스템)

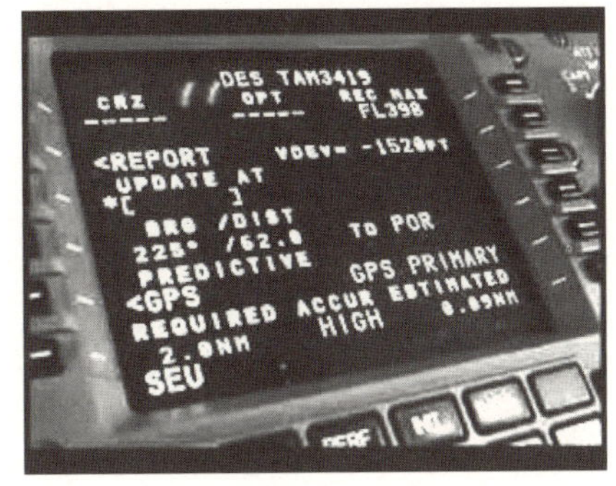

ACARS는 항공기 조종실에서 조종사가 항공기와 지상국 간에 무선 또는 위성 신호를 이용해서 짧고 단순한 문자메시지를 주고받는 데이터통신이라 한다.

ACARS는 항공기의 운항에 대한 제반 보고사항을 지상에 제공하고 필요한 정보를 지상에서 제공받는다. ACARS는 항공기 조종실에 장착한 장비와 지상의 호스트Host 컴퓨터, 그리고 지상정보망으로 구성되어 있다. 지상의 호스트 컴퓨터는 필요정보를 항공기에 보내고, 또한 항공기로부터 정보를 수집한다.

조종사는 항로상의 기상정보나 도착지 공항의 추가적인 정보를 원하면 자신이 소속한 항공사에 ACRAS를 통해 정보요청을 한다. 그러면 항공사는 가장 최신의 정보를 조종사에게 통신망을 이용하여 보내준다. 조종사는 이 정보를 다시 ACARS을 통해 문자메시지로 받아 볼 수 있다. 항공기에 이상이 생겼을 때에는 ACARS가 관련 정보를 자동 발송한다. 주파수가 잡히지 않을 때는 위성신호로 자동 연결된다.

ACARS를 세계적 관심거리로 끌었던 항공기 사고가 있다. 2014년 3월 말레이시아항공 MH370편 보잉777-200 비행기가 사라져 실종된 사건이다. 전문가들은 이 비행기의 ACARS가 작동되지 않은 것에 많은 의문을 가지고 있다. 항공기의 위치와 고도, 속도, 방향 등을 위성을 통해 지상관제소에 알릴 수 있는 ACARS가 꺼져있다는 것에 그 이유를 두고 여러 추측이 나오고 있다.

"하늘에서 지상으로 대화"

대한항공은 500달러 이상 기내면세품 구입 시 항공기 조종실에 있는 운항정보교신시스템ACARS을 통해 신용카드 조회를 해왔다. 객실승무원이 조종실로 가지고 온 신용카드를 운항승무원이 ACARS를 통해 지상에 조회요청을 하면, 지상에서 이를 불량카드 여부를 확인하고 다시 항공기에 전달하는 형식이다. 이러한 업무가 운항에 방해된다는 조종사들의 지적에 따라 항공사는 객실승무원이 위성전화 등 다른 방법을 통해 확인하는 것으로 변경할 예정이라고 한다.

SATCOM : Satellite Communications(위성통신)

SATCOM은 인공위성을 이용하여 지상과 항공기 간에 음성 및 데이터통신을 수행하는 원거리 위성통신장치를 말하며, 수신지역이 일부 극지방을 제외한 세계 전지역이며 양방향 통신이 가능하다.

TCAS : TRAFFIC ALERT AND COLLISION AVOIDANCE SYSTEM(공중충돌방지장치)

TCAS는 상공에서 비행기끼리 공중 충돌하는 사고를 예방하기 위한 충돌방지 장치로, 운항중인 여객기가 전파를 발사해 고도와 거리 등을 상대방 항공기에 음성 또는 신호로 알려줘 항공기끼리 공중에서 충돌하는 사고를 방지한다.

TCAS는 비행 중인 항공기에 다른 비행기가 근접하여 충돌 위험이 있을 때 이를 감지하여 조종실에 접근경고 안내가 나오며, 필요시에 "Descend, Descend"(강하하라) 또는 "Climb, Climb"(상승하라)과 같은 음성으로 회피안내가 나와 조종사에게 고도변경을 지시한다.

TCAS 탑재 항공기끼리는 서로 충돌하지 않도록 사전에 교신이 이루어지며, 한 쪽 항공기에 강하 지시가 내려지면, 다른 쪽에는 상승 지시를 내려서 두 항공기 간의 간격을 넓힌다. 한국을 포함 미국, 유럽, 호주 등 대다수의 국가가 TCAS 장착을 법적으로 의무화하고 있다.

출처 : 항공상식

GPWS : Ground Proximity Warning System(지상접근경고시스템)

GPWS는 운항중인 항공기가 지나치게 낮게 하강하여 지상이나 산악지대에 충돌하는 사고를 방지하기 위한 경고시스템이다. 항공기가 예상치 않게 지상에 너무 근접하여 충돌 위험성이 있을 때, 조종사에게 시각적인 경고와 함께 음성안내를 하여 피해가도록 지시를 한다. 충돌 위험상황에 따른 음성 지시를 보면, 항공기가 과도하게 빠른 속도로 하강을 하면 "Sink Rate(하강이 빠르다)"라고 하며, 지상과 너무 근접하여 충돌위험이 있을 때 "Terrain(지형이다)", "Don't Sink(하강하지 마라)", "Pull Up(급상승하라)"라는 음성지시가 나온다. 조종사는 경고음이 울리면 즉시 엔진의 추력을 높이고 기수를 최대한 올려 충돌을 회피해야 한다.

ETOPS : EXTENDED TWIN-ENGINE OPERATIONS
(쌍발항공기장거리운항)

ETOPS는 비행 중인 쌍발항공기의 엔진 중 하나가 고장이 났을 때, 남은 하나의 엔진만으로 비상착륙할 교체공항까지 갈 수 있는 비행시간을 인가해 주는 규정이다. 항공사는 보유한 쌍발 터빈엔진 비행기의 ETOPS 인가를 국가로부터 받는다. 항공기는 비상시를 대비하여 항로범위 내에 비상착륙 할 교체공항을 비행 계획상에 지정하는데, 비상착륙할 교체공항은 ETOPS에서 인가받은 비행시간 내에 있어야 한다. 현재 ETOPS 인가 비행시간은 항공기 성능마다 달리하여 최소 60분에서 90분, 120분으로 구분하여 최장 180분까지 규정하고 있다.

예를 들어, ETOPS 60분 인가를 받은 항공기는 항로설정을 교체공항으로부터 60분 이내에 두어야 한다. 인가시간이 짧을수록 항로설정에 제약을 받는 것을 의미하며, 이는 연료소모가 많아지거나 비행시간이 길어질 수도 있어 항공사들은 항공기 성능을 내세워 인가시간을 길게 받으려고 하는 경향이 있다.

최근에는 ETOPS 대상 항공기를 쌍발이 아닌 4개의 엔진이 있는 항공기까지 인가를 받는 추세에 있다. 차세대항공기 보잉747-8I 기종은 미국연방항공청FAA으로부터 330분의 ETOPS 인가를 받았다. 이는 4개 엔진비행기 최초의 기록이다.

유럽의 에어버스사는 개발 중인 A350XWB 항공기를 ETOPS 370분을 목표로

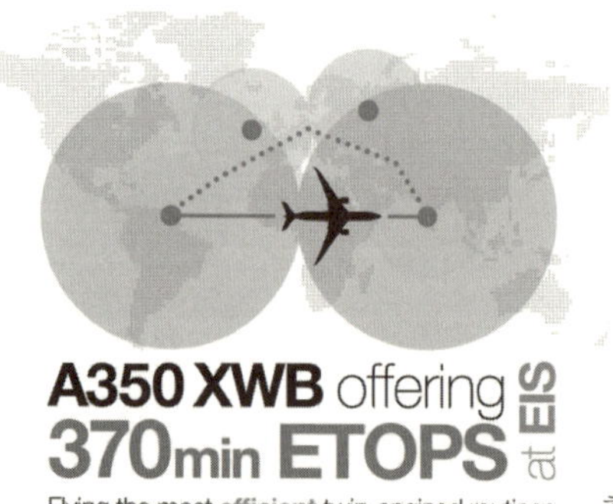

출처 : World Airline News

한 프로그램을 가동시키고 있다. 항공기 제작업체들이 ETOPS 시간에 경쟁적으로 예민한 것은 이것이 곧 항공기의 성능과 효율성, 신뢰성을 부각시키는 수단이 되며, 항공사는 ETOPS 시간이 길수록 최단거리의 직항로 설정이 가능하여 경제적으로 이득이 많기 때문이다.

FDR : FLIGHT DATA RECORDER(비행데이터기록장치)

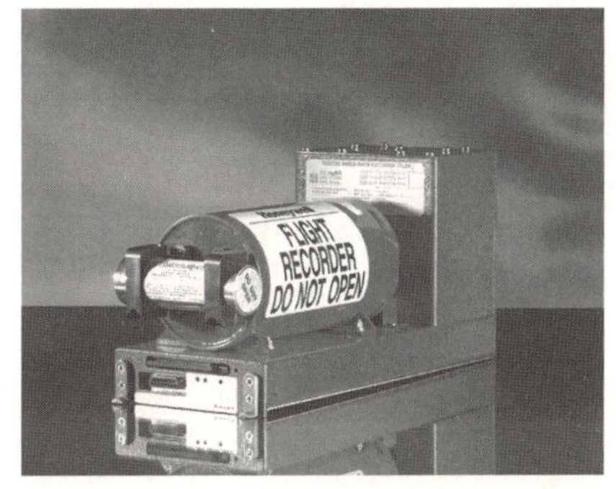

FDR은 블랙박스로 더 잘 알려져 있다. 실제로는 항공기사고 시 여러 파편 및 잔해물 속에서 눈에 잘 띄도록 하기 위해 오렌지색으로 칠해져 있다. 사고가 났을 때 가장 먼저 찾아야 하는 것이 FDR이다.

FDR은 항공기사고 또는 추락 시 원인 규명을 위해 마지막 25시간 동안 항공기의 각종 비행데이터 기록을 저장하는 장비이다. 항공기 고도, 속도, 기수방향, 수직가속도, 시간 등이 기록되어 있다.

FDR은 추락에 의한 충격이나 침수, 화재에도 견딜 수 있도록 강도 및 밀폐성이 높은 특수합금으로 제조된다. 또한 심해저(수심 4,200m)에 빠져도 30일 동안 작동되는 수중위치발신기Underwater Locator Beacon : ULB가 내장되어 있어 사고 후에 탐지기를 사용하여 블랙박스를 수색하기도 한다.

최초의 블랙박스는 호주의 데이비드 워렌이라는 항공과학자가 발명하였다. 워렌은 어린 시절 아버지를 항공기사고로 잃었다. 1953년 항공기술연구소에서 일했던 워렌은 항공기사고 조사용으로 FDR을 고안해 냈다. 처음에는 항공기록을 필름에 담아 기록했기 때문에, 빛 광선으로 기록이 훼손되는 것을 방지하기 위해 FDR를 검은색으로 칠하였다. 나중에 필름 대신 메모리칩으로 대체되면서 오늘날의 오렌지색으로 바뀌었다.

CVR : Cockpit Voice Recorder(조종실음성기록장치)

CVR은 FDR과 함께 또 하나의 블랙박스로 불리며, 조종실에서 관제소와의 통신내용 및 승무원들 간의 대화 등을 녹음 기록하는 장치이다. 녹음은 30분간의 엔들리스테이프를 사용하여 오래된 내용을 지우고 새로운 내용을 녹음하게 되어있으므로, 항상 최후의 30분간의 상황을 알 수 있게 되어 있다. CVR은 조종사가 비행기에 탑승하여 조종실을 점검할 때부터 운항을 종료할 때까지 조종실에서 나오는 모든 소리를 기록한다. 조종사의 헤드셋이나 스피커에서 나오는 대화 및 교신음과 기내방송, 각종 경보음, 각종 스위치 작동음이나 엔진음 등 조종실 내의 모든 소리들이 녹음된다. CVR은 오렌지색이나 황색으로 칠해져 있어야 하고, 위치를 추적할 수 있는 장치가 장착되어 있다.

DE-ICING(제빙)

De-icing은 항공기 표면에 내린 눈, 서리 그리고 얼음을 제거하는 작업을 말한다. De-icing 작업을 하는 이유는 기체표면이 결빙될 경우 항공기 이륙 시 필요한 충분한 양력을 확보하지 못해 이륙하지 못하거나 추락할 위험을 안고 있기 때문이다.

겨울철 De-icing 작업은 항공기 지연의 단골메뉴이다. 눈이 내리면 항공사는 항공기 표면에 쌓인 눈을 제거하고 눈이 기체에 얼어붙지 않도록 제빙 · 방빙 작업을 수행한다. 항공기 표면에 제빙액 등의 약품을 뿌려 눈, 서리, 얼음 등을 제거하고, 다시 방빙용액을 뿌려서 추가로 결빙되는 것을 방지한다.

De-icing 작업에 소요되는 시간은 인천국제공항의 경우 15~30분이다. De-icing 작업은 게이트에서 하는 것이 아니라, 공항터미널에서 멀리 떨어진 전용작업장De-icing Pad으로 이동해서 한다. 항공기마다 항공기 운영자는 서리, 얼음 또는 눈이 항공기에 부착되는 것이 예상되는 경우, 국토교통부장관으로부터 승인을 받은 절차에 따라 지상에서 방빙 또는 제빙작업이 이루어지지 않는 한 항공기를 이륙시켜서는 아니 된다(국토교통부 운항기술기준 8.1.11.3).

줄을 서서 이동하고 작업순서를 기다리다보면, 순서가 늦은 항공기는 2~3 시간까지 지연되는 불상사를 겪는다. De-icing은 작업을 끝내고 이륙을 기다리다가 항공기 동체 및 날개가 다시 어는 것을 방지하기 위해 승객이 탑승한 상태에서 이륙직전에 작업한다.

객실승무원은 겨울만 되면 De-icing에 의한 항공기 지연을 자주 경험한다. 지연에 따른 승객의 불평을 예상하며 최대한 승객이 불편해 하지 않도록 서비스에 만전을 기한다.

GO-AROUND(복행)

Go-around는 항공기가 착륙을 시도하는 과정에 안전에 문제가 있다고 판단한 기장이 착륙을 포기하고 항공기를 다시 상승시키는 것을 뜻한다. 항공기사고의 거의 절반이 공항에 접근하여 착륙을 하는 과정에서 발생한다. 이때 발생하는 사고는 가장 많이 생명을 앗아가는 치명적인 사고로 이어진다. 이 사고들이 Go-around 판단부족에서 발생하고 있다고 한다.

만약에 활주로에 다른 비행기 또는 차량 및 다른 물체가 있는 불안전한 상황이라면 공항관제소에서 착륙하는 항공기 기장에게 Go-around을 지시한다. 또한 기장 스스로 시야가 불량하거나 측풍 등 위험한 기상조건, 기타 불안전한 상황을 감지할 때 Go-around를 시도한다.

전문가들은 Go-around는 비상상황이 아닌 매우 정상적인 운항 절차임을 강조한다. 항공사들은 기장에게 Go-around 조건이 되면 언제든지 Go-around 할 것을 장려한다. 적시에 정당하게 시도한 Go-around는 일상적이고 안전한 것이며 매우 잘 실행한 조작으로 받아들이고 있다. 오히려 Go-around 해야 할 시점을 놓치거나 무모한 착륙을 시도하다가 사고가 발생하는 사례가 많다. Go-around는 평균 100번 착륙접근 중에 1~3번 발생한다.

객실사무장은 Go-around 상황이 발생하여 항공기가 다시 상승하면, 기장을 대신하여 기내 안내방송을 실시한다. 적시에 적절한 기내방송은 승객의 불안을 해소하는데 효과가 있다.

Approaching

비행기가 활주로에 착륙(Landing)하기 위해 고도를 낮추며 강하하는 시점으로 착륙 직전의 비행단계를 Approaching이라 말한다. Approaching은 보통 착륙 20분 전에 기장이 객실승무원에 신호를 준다. 객실승무원은 Approaching 시점에 착륙을 위한 기내준비에 들어간다. 모든 서비스를 종료하고 갤리정리 등을 한다. 또한 기내 Approaching 방송을 실시하여 승객들도 좌석 및 짐정리를 하여 내릴 준비를 하도록 안내한다.

보잉747 Approaching

"Approaching 방송문"

손님여러분,

우리 비행기는 잠시 후에 (공항명) 공항에 도착하겠습니다. 착륙 준비를 위해 꺼내놓은 짐들은 앞좌석 아래나 선반 속에 다시 보관해 주시기 바랍니다.

HARD LANDING(하드랜딩)

Hard Landing은 항공기가 정상착륙 때와는 다르게 빠른 속도로 지면에 강한 충격을 주면서 활주로에 착륙하는 것을 의미한다.

착륙은 항공기 운항의 마지막 단계로, 지면에 평균 초당 2m의 속도로 착륙한다. 그 이상의 속도로 착륙하는 것을 Hard Landing으로 간주한다. Hard Landing 원인은 기상조건, 항공기 결함, 항공기의 착륙무게 초과, 조종사 실수, 조종사 결심(의도된 판단) 등으로 발생한다.

Hard Landing은 보통 조종사가 항공기를 통제하고 있다는 것을 의미한다. 이에 반해, 조종사가 항공기 통제능력을 상실한다는 것은 사고로 연결될 수 있다. Hard Landing의 여파는 승객이 불안감을 갖는 단순한 정도에서 항공기 손상, 승객 부상 또는 사망까지 다양하다. Hard Landing을 한 비행기는 다음 비행을 하기 전에 필수적으로 항공기 상태에 대한 안전점검을 한다.

ALTITUDE(고도)

비행고도는 항공기가 지상에서 하늘로 떠있는 거리로서 정확한 고도는 해수

면을 기준으로 한다. 항공기가 이륙을 하여 목적지 공항에 착륙을 시도하기 전까지 하늘을 나는 동안을 순항 중이라 하는데, 순항비행 중에 유지되는 일정한 고도를 순항고도라 한다.

항공기 순항고도는 통상 국내선의 경우 해발 5~9km이며, 국제선은 해발 12~14km 범위이다. 항공기의 최대인가고도Maximum Certified Altitudes는 기종에 따라 다르다. B737-800은 13km(41,000피트)이고, B747은 대략 14km(45,000피트)이다. 고도가 높아질수록 대기압은 낮아지고, 객실 내 압력과의 차이가 커지게 된다. 이로 인해 항공기 내부에서 외부로 향하는 힘이 커지게 되며, 이는 항공기 구조의 손상을 줄 수 있기에 고도를 제한한다.

반면에, 항공기가 비행 중에 조종사는 최저안전고도Minimum Safe Altitude를 반드시 준수해야 한다. 예를 들어, 도시·마을 혹은 집단적으로 사람들이 노출되어 있는 혼잡한 지역상공을 비행 중일 경우에 조종사는 항공기의 수평반경 600m(2,000피트)의 범위 내에서 가장 높은 장애물 위로 300m(1,000피트)의 고도를 유지할 수 있는 고도가 최저 안전고도로, 이 고도보다 낮게 항공기를 운항하여서는 안 된다. 객실승무원은 합동브리핑 때 기장으로부터 항공기의 순항고도에 대한 정보를 항상 듣게 된다.

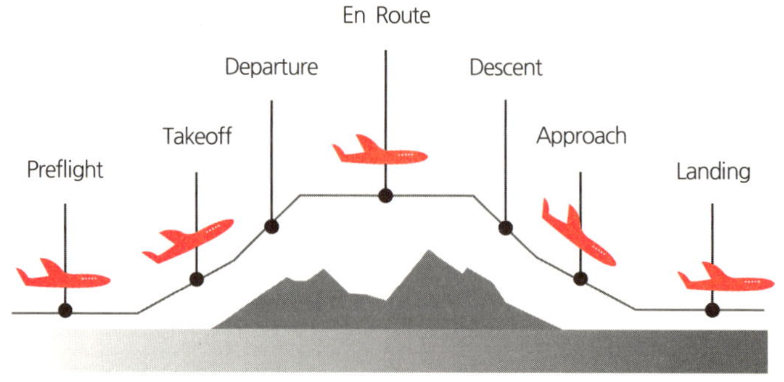

출처 : Howstuffworks

"고도 미확인 착륙사고"

2002년 4월 중국 국제항공 여객기가 폭우와 안개가 낀 부산 김해공항에 착륙을 시도하던 과정에서 산과 충돌하여 추락하는 사고가 발생했다. 관제소로부터 착륙허가를 받고 착륙 시도에 실패한 후, 다시 상승하여 공항상공을 선회하던 중 기장이 너무 날씨에만 신경 쓰고 관제소 연락에 집중한 나머지 '최저안전고도'를 지키지 못하고 낮게 날던 비행기는 주변의 산과 충돌했다.

출처 : 야후

FERRY FLIGHT(페리비행)

Ferry Flight는 비행기를 승객과 화물 없이 기내와 화물칸을 비워둔 채 운항하는 것을 말한다. 주로 Ferry Flight는 새로 도입하는 항공기를 항공기 제작업체로부터 처음 인도받아 자국으로 들여올 때, 정비를 위한 목적으로 정비기지가 있는 곳으로 이동할 때, 또는 어느 지점(국가 및 도시)에서 승객을 태우기 위해 그곳까지 승객 없이 비행하는 경우를 말한다.

현재 Ferry Flight만을 전문으로 운송사업을 하는 항공사가 전 세계적으로 많이 있다. Ferry Flight를 탑승하는 객실승무원은 승객이 없다하더라도 항공사 규정에 맞는 객실브리핑을 실시하며, 비행기에 탑승 후 최소한의 기내안전 활동을 수행해야 한다.

WIND SHEAR(윈드시어)

Wind Shear는 항공기가 이 · 착륙하는 동안 지상 2,000피트의 낮은 고도에서 짧은 시간에 갑자기 바람의 속도와 방향이 변화하는 것을 말한다. 낮은 고도에서 바람의 급격한 변화는 이·착륙하는 항공기에 매우 위험한 사고요인으로 오랫동안 인식되어오고 있다.

바람의 변화는 여러 형태의 기상조건의 결과로 일어난다. 즉 지형학적 조건, 기온역전, 해풍, 강한 지표면 바람, 폭풍 또는 소나기 등에 의해 발생한다. 강한 Wind Shear는 대기 중 속도를 초당 15m 이상 높이고, 수직으로 바람속도를 분당 500피트 이상 변화시킨다.

미국항공우주국NASA이 1964년에서 1985년 사이에 Wind Shear로 인한 항공기사고가 26건에 달하며, 이 사고들로 700명의 사상자가 발생한 것으로 조사 분석되었다. 미국항공우주국과 연방항공청FAA은 공동노력으로 위험한 Wind Shear을 탐지하고 피해가는 기술을 개발해왔다.

이후 FAA는 자국 내 항공사에 Windshear 탐지시스템을 항공기에 장착할 것을 지시하였다. Windshear는 항공기 안전에 직결되는 초자연적인 기상현상으로, 끊임없는 기술개발과 운항기술이 필요하다.

PAYLOAD(유상탑재량)

Payload는 항공기의 유상승객 및 화물의 총중량을 말한다. Payload는 항공기의 최대 이륙 중량과 최대 착륙 중량을 계산하는 데에 매우 중요하다.

항공사는 연료와 승객이 없는 상태의 항공기 표준무게에 탑재된 유상승객과 화물의 무게를 근거로 이륙에 필요한 최대 이륙무게를 산정한다. Payload는 승무원들의 몸무게도 가산된다. 보통 승무원의 몸무게는 표준무게를 적용한다. 예를 들면, 남승무원은 79kg, 여승무원은 57.6kg의 표준몸무게로 계산한다.

MEL : MINIMUM EQUIPMENT LIST(최소장비목록)

MEL은 항공기가 안전한 운항을 위해서는 모든 설비와 부품들이 정상상태여야 하지만, 항공기 출발 전 정비점검에서 인지된 결함이 있는 설비 및 부품이 있을 경우, 안전운항에 결정적인 영향을 주는지 여부에 대해 항공기 설비 및 부품별로 항목을 두어 규정을 제시한 책자이다. 즉 MEL은 기종별 비행가능 최소설비 및 작동상태와 관련하여 비행가능 기준을 명시한 규정을 의미한다.

항공기는 안전운항을 위해 장비와 부품에 이중보완 장치를 두어 어느 한 부분이 고장난 상태에서도 비행안전이 유지되고 신뢰성을 보장할 수 있도록 MEL을 작성한다. 항공기 결함 발생 시 수리 또는 교환이 가능한 기지에서는 결함을 교정하는 것이 원칙이지만, 비행기 출발 이전에 수리할 수 없는 상황에서는 항공기 정시성 및 승객의 편의를 고려하여 MEL을 적용하여 유예 조치를 하고 항공기 운항은 지속될 수 있다.

예를 들면, 항공기 내의 PA시스템에 문제가 있다고 할 경우, 조종사와 정비사는 MEL을 참고하여 PA시스템을 고치지 않고도 비행할 수 있는지를 판단한다. MEL에는 기내에 PA을 대신할 장비가 있는지 여부와 수리할 지점과 시간을 규정해놓고 있다. MEL에는 항공기 안전운항과 관련이 없는 기내의 승객서비스를 목적으로 하는 장비와 부품은 제외하고 있다.

Aviation Terminology

CHAPTER 05

국제 항공관련 전문용어

민간항공사는 국제적 항공 규범과 규정에 따라 운영되고 있다고 해도 과언이 아니다. 세계 각 나라는 자체적인 법령과 지침을 마련하는데 있어 「국제항공법」과 규정을 근간으로 하고 있다. 오늘날 항공 산업의 발전은 항공 관련 여러 항공기관과 협회의 국제적 합의로 말미암아 이루어져 왔다. 객실승무원은 승객의 안전과 서비스의 근원이 되는 국제적 항공산업 환경에 대한 이해를 높여 항공 전문가로서의 지식과 자세를 가져야 할 것이다.

세계 항공 산업은 하루가 다르게 항공여객의 안전과 만족을 높이기 위한 다양한 연구와 분석들을 통해 새로운 절차와 규정을 만들어내고 있다. 또한 미국, 유럽 등 세계 항공시장의 주도적 역할을 하는 선도적인 국가들은 새로운 개념의 항공여객을 위한 규정을 도입하는 추세에 있다.

객실승무원은 변화하는 항공 산업의 동향과 규정에 정확하고 빠르게 지식을 받아들여 국제적 항공지식을 갖춘 국제적 감각의 능력을 갖고 있어야 한다. 기내에는 수많은 세계인들이 있어, 국제적 감각과 언어를 익혀 활용하는 능력을 길러야 한다.

Aviation Terminology

ICAO : INTERNATIONAL CIVIL AVIATION ORGANIZATION (국제민간항공기구)

1944년 시카고민간항공협약에 따라 유엔 산하에 특별조직이 만들어지는데, 그것이 ICAO이다.

제2차 세계대전이 끝나가던 1944년 12월 7일 54개국 대표들이 미국의 초청으로 시카고 스티븐호텔 그랜드볼룸에 모였다. 이 자리에서 각국대표들이 '시카고협약'으로 더 알려진 '국제민간항공협약'에 서명을 한다. 시카고협약은 범지구적인 민간항공의 평화적인 발전과 질서를 도모하고 전 세계 국가와 국민들이 갈등을 피하고 협력을 증진하며, 나아가 국제 항공교통서비스가 동등한 기회의 바탕에서 건전하고 경제적으로 운영되어야 한다는 확실한 원칙과 협정에 52개국이 동의를 하고 서명하여 태동되었다.

시카고협약은 '공해'라는 국가영역에 국가 간에 서로 침범하지 못하도록 기준과 원칙을 수립함으로써 공해상의 국가주권을 명시한 이른바 항공평화협약이다. 이 협약은 총 22장 96조항으로 되어있는데, 첫 번째 조항이 바로 주권 Sovereignty에 관한 것이다. 그 내용을 그대로 옮기면 '조약국들은 자국영토의 공해를 확정하며 배타적 주권을 가지고 이에 대해 각 조약국들은 인지한다."라고 되어있다. 따라서 각국은 정기 항공편의 비행기가 다른 국가의 특별한 허가 및 승인 없이 그 나라의 상공통과 및 비행은 할 수 없다고 명시하였다(6조항).

이 협약 일부를 보면, 각 나라는 항공기에 의한 콜레라, 황열병 등 전염병 확산을 방지하는 대책을 강구한다는 내용(14조항)이 언급되어 있다. 20조항에는 각국의 민간항공기에 비행기가 등록된 국가를 나타내는 표식을 해야 한다고 되어있는 것도 흥미롭다.

ICAO는 시카고협약 정신을 바탕으로 1947년 4월 4일 창설되어 그 해 10월에 유엔의 정식 특별기구가 되었고, 현재까지 민간항공 부문에서 활동하고 있는 범세계적 각국정부 간 협의체이다. ICAO는 19개의 부속서 Annex를 두고 있으며,

이 부속서는 각국의 민간항공 운영기준이 되고 권고하는 규칙들이다. ICAO 회원국들은 자국의 특별한 거부의사가 없는 한 이 부속서를 따르고 있다. 현재 ICAO 회원국은 191개국이며, 한국은 1952년 12월에 가입하였다. ICAO Annex (부속서)는 다음과 같다.

- Annex 1 : 항공종사자의 자격증명Personnel Licensing
- Annex 2 : 항공규칙Rules of the Air
- Annex 3 : 국제항공항행기상업무Meteorological Service for International Air Navigation
- Annex 4 : 항공지도Aeronautical Charts
- Annex 5 : 항공 및 지상운항도표에 사용되는 측정단위Units of Measure-ment to be Used in Air and Ground Operations
- Annex 6 : 항공기 운항Operation of Aircraft
- Annex 7 : 항공기 국적 및 등록부호Aircraft Nationality and Registration Marks
- Annex 8 : 항공기 감항성Airworthiness of Aircraft
- Annex 9 : 출입국 간소화Facilitation
- Annex 10 : 항공통신Aeronautical Telecommunications
- Annex 11 : 항공관제서비스Air Traffic Services
- Annex 12 : 수색 및 구조Search and Rescue
- Annex 13 : 항공기사고조사Aircraft Accident and Incident Investigation
- Annex 14 : 비행장Aerodromes
- Annex 15 : 항공정보업무Aeronautical Information Services
- Annex 16 : 환경보호Environmental Protection
- Annex 17 : 항공보안Security
- Annex 18 : 항공위험물 안전운송The Safe Transport of Dangerous Goods by Air
- Annex 19 : 항공안전관리Safety Management

IATA : INTERNATIONAL AIR TRANSPORT ASSOCIATION (국제항공운송협회)

IATA는 민간 항공사를 회원으로 하여 항공사를 대표하고 항공 산업 발전을 선도하며 항공사에 유익한 여러 유형의 서비스를 제공하는 범세계적 성격의 단체이다.

IATA는 1945년 4월 쿠바 아바나에서 설립되었다. 설립 당시 회원 항공사는 31개국에서 57개 항공사였다. 초기에는 주로 유럽과 북미 항공사였지만, 현재는 글로벌화 된 117개국의 260개 항공사가 회원으로 있다. 한국의 대한항공은 1989년에 회원으로 가입하였고, 아시아나항공은 2002년에 가입하였다. IATA는 1919년 헤이그에서 설립된 국제항공수송협회를 계승하여 오늘날의 모습을 갖추었다.

IATA는 항공운송 발전과 제반 항공사들의 문제 연구, 안전하고 경제적인 항공운송 등 회원 항공사 간의 우호증진 등을 목적으로 하고 있다. 인력의 확충과 고용창출에도 힘쓰고 있으며, 1965년에는 동물도 항공운송을 할 수 있는 규정을 만들었고, 1979년에는 조직을 무역과 운임으로 나누었다. 무역부문에는 기술 · 법률 · 재정 · 교통서비스 · 기관업무 등을 다루고, 운임부문에는 여객운임 · 화물운임 등을 담당한다.

IATA가 가장 중요시하는 것은 안전을 우선으로 하는 것이다. 안전하고 신뢰가 있는 교통수단으로 항공 산업의 지속 가능한 발전을 도모하는 데에 역점을 두고 있다. IATA는 1999년 몬트리올협약을 수립하여 승객의 사망, 부상, 항공기 지연, 짐 분실 및 손상으로 인한 보상 문제를 항공사들마다 다르게 적용하던 것을 하나로 현실화하고 단일화한 법적인 항공보상 규정을 만들었다.

IATA는 항공사들을 위해 최근 급증하는 기내난동 예방을 위한 적극적인 법적 강화를 각국정부에 요청하는 한편, 기내난동 대처 가이드라인 및 교육훈련을 회원 항공사에 제공하고 있다.

캐나다 몬트리올에 본부를 둔 IATA는 ICAO와 함께 항공 산업의 발전이 곧 국가의 경제발전에 큰 힘이 되고 있다는 공동인식을 가지고 항공사와 정부 간의 긴밀한 협력체계를 구축하고 있다.

FAA : FEDERAL AVIATION ADMINISTRATION(미국연방항공청)

제1차 세계대전이 끝나고 미국에는 항공우편서비스가 출현하여 본격적인 항공산업시대가 시작되었다. 그러나 당시의 항공기는 고작 200~500피트 상공에서 지상의 도로나 철로를 육안으로 확인하면서 비행을 해야 하는 항공기술의 취약함으로 안전사고가 꾸준하게 발생했다. 이에 미국은 1925년 「항공우편법」을 제정하여 상업용 항공사들의 이익이 창출되도록 하였다. 그러나 계속되는 안전우려로 항공사들은 연방정부가 안전기준을 개발하고 지속시켜주기를 원했다.

미국은 1926년 항공역사에 기념비적인 「항공상업법」을 도입하여, 새로운 항공운송 규정 및 절차, 조종사의 면허제도, 항공기 등록, 항로 개발, 항공운항 규정 등의 법조항을 제정하였다. 그리고 항공사를 감독하는 책임을 맡은 새로운 항공부서를 상무부 내에 만들었다. 루즈벨트 대통령시대에 와서 상무부 내의 항공부서는 3개 항공안전위원회를 둔 독립적인 민간항공국Civil Aeronautics Authority이 되었다.

제2차 세계대전 이후의 세계는 유럽뿐만 아니라 미국에서도 거대한 상업항공사들이 출현하여 대량 민간항공시대가 열렸다. 이와 함께 항공안전사고도 잇따랐다. 1956년 6월 미국 트랜스월드항공사의 항공기와 유나이티드항공사의 항공기가 아리조나 그랜드캐년 상공에서 공중 충돌하는 사고가 발생했다. 두 항공기에 탑승한 128명 모두 사망한 이 사고는, 미국의 항공안전 경각심을 일

깨우는 일대 대형사건으로 받아들였다. 이러한 항공사고의 영향으로 미국은 1958년 8월 「연방항공법」을 수립하여 민간항공국의 기능과 업무를 새로 신설한 연방항공국으로 넘기도록 하였다.

미국은 존슨 대통령시대에 국내 모든 교통수단을 종합적으로 관리할 새로운 정부조직의 필요성을 느끼고 교통부를 만들었다. 이에 따라 연방항공국은 교통부 소속으로 재정비되면서 오늘날의 명칭인 연방항공청FAA으로 격상되었다.

이후 연방항공청은 오늘날까지 자국의 항공안전은 물론 세계 각국 항공당국 및 항공사들과 긴밀한 협조체제로 항공안전 및 보안, 항공의 경제효율성, 항공 친환경 등 제반이슈에 대해 다양한 기술혁신과 정책들을 도입하는 등 항공기가 가장 안전하고 신뢰하는 교통수단으로 발전하는데 힘을 기울이고 있다.

EASA : EUROPEAN AVIATION SAFETY AGENCY
(유럽항공안전청)

EASA는 2003년 7월 유럽연합EU 의회의 승인으로 창설되어 독일 쾰른에 본부를 두고 있다. EASA의 역할은 항공안전에 대한 총체적인 책임과 외국항공사의 운항 허가, 법 제정, 항공안전 점검, 항공기 및 항공기 부품들에 대한 제작 승인 등이 있다. 이밖에 EASA는 항공 운항규정 개발과 항공종사자의 면허 등과 관련된 법령들을 제정하고 있으며, FAA 등 세계 항공기관들과도 상호 협력하는 체제를 구축하고 있다.

EASA는 EU국가의 국민들을 위해 높은 수준의 안전보호를 책임지고 기술적, 재정적, 법적으로 독립된 기구이다. 한편, EASA는 전 세계를 통해 EU 항공안전 기준들을 전파하고 안전 전문성과 서비스를 제공하는 등 항공정책의 선도적인 역할을 담당하고 있다.

"EASA 관련보도"

EASA는 A380 슈퍼점보 항공기의 날개 미세균열이 나타난 것과 관련해 운항 중인 67대의 모든 A380 모델에 대한 안전점검을 실시하라고 에어버스에 명령했다.

에어버스는 날개부문 미세균열이 안전에 직접적인 위협을 가하지 않는다며, 기체손상이 발견되는 즉시 수리를 실시할 것이라고 밝혔다. EASA는 지난달 전 세계에서 운행 중인 A380모델 20대에 대한 육안검사를 실시할 것을 지시했다. EASA 대변인은 "육안검사 결과 현재 운항 중인 모든 모델로 점검을 확대해야 한다는 결론을 내렸다."고 밝혔다.

출처 : 머니투데이

TSA : TRANSPORTATION SECURITY ADMINISTRATION
(미국교통보안청)

미국은 9·11 항공기 테러사건을 계기로 2001년 11월「항공교통보안법Aviation and Transportation Act」을 제정하고, 이 법을 근거로 항공보안의 책임을 지게 될 교통보안청TSA을 신설하였다. TSA는 미국 국토안보부 산하로 기존의 연방항공청FAA의 항공보안 업무를 넘겨받고, 나아가 항공뿐 아니라 철도, 도로, 해상선박 등 미국 내 모든 교통수단의 보안 및 테러예방 업무를 전문으로 다루는 안보기관이 되었다.

TSA는 테러공격에 대비한 정보분석과 테러범을 직접 상대하는 전문 보안요원들을 양성하여 교통수단의 안전을 확보하고 이용객들의 생명과 재산을 보호하는 중대한 임무를 지니고 있다. 또한 각국정부와 공동노력으로 국제안전기준과 TSA 규정을 이행하는지 점검하고 개선방안을 제공하는 활동을 하고 있다.

TSA의 가장 대표적인 임무 중의 하나가, 공항에서 이용객들에 대한 보안 검색이다. 9·11사건 이전에는 공항의 승객 보안검색은 항공사 직원 또는 항공사 용역의 보안업체가 담당하였다. 미국은 9·11 이후 민간항공사가 해오던 보안검색을 TSA의 공항 보안요원들을 채용해 국가안보기관이 직접 승객들을 검색하는 절차로 변경하였다.

"TSA 우리나라 항공보안 우수평가"

미국교통보안청TSA이 인천공항 및 항공사를 대상으로 실시(2015.4.13~23)한 항공보안평가에서 전 분야 모두 국제기준에 적합하며, '어떠한 문제점도 발견할 수 없음'을 공식적으로 통보해왔다고 국토부가 밝혔다.

TSA는 항공보안전문가 5명을 파견하여 공항의 출입통제, 보안검색, 항공기 보안 등 9개 분야의 203개 세부 평가항목에 대한 국제기준 이행현황을 점검한 결과, 인천공항이 국제기준을 충족하고 있으며 보안활동이 효과적으로 운영되고 있다고 평가하였다.

출처 : 국토부

NTSB : NATIONAL TRANSPORTAITON SAFETY BOARD
(국가교통안전위원회)

미국은 현재의 교통부가 없던 시절인 1926년 당시 상무부 내에 항공사고 조사를 전담하는 부서를 두었다. 이것이 오늘날의 NTSB가 창설되는 역사적 기반이 되었다.

NTSB는 주요 교통사고의 원인을 조사하여 개선방안을 제시하는 독립된 교통조사기관이다. 1967년 미국은 교통부를 새로 만들면서, 교통부 내에 독립적인 교통사고 조사를 책임질 NTSB를 창설하였다. NTSB는 항공, 도로교통, 해상, 철도 등 모든 교통수단의 안전사고를 조사하는 임무를 가지고 있다. 1996년에는 NTSB에 새로운 임무가 법령으로 새로 추가되었는데, 그것은 항공사고 유가족을 돌보는 업무이다. 유가족에게 사고원인과 정보를 적시에 제공하고, 유가족의 편의를 돌보는 일이다. 2000년도에는 조지워싱턴대학 버지니아캠퍼스에 NTSB 훈련센터를 설립하여 교통사고조사 전문인력을 양성하기 시작했다.

NTSB는 창설 이후 13만 2천 건의 항공사고를 포함한 각종의 교통사고를 조사하였고, 1만 3천 건 이상의 안전개선 권고건수를 기록했다.

"사고조사 최고기관"

미국국가교통안전위원회NTSB가 2014년 7월 6일 발생한 아시아나항공 214편 여객기사고의 주원인이 조종사의 과실Mismanagement이라고 판단했다.

NTSB는 워싱턴DC 본부에서 위원회를 열고 "항공기의 하강 과정에서 있었던 조종사의 과실, 속도에 대한 적절한 관찰부족, 회항판단의 지연"을 추정 이유로 가장 먼저 지목했다. 크리스토퍼 NTSB위원장 대행은 기자회견에서 "승무원이 (항공기의)자동화 장치를 작동하는 환경을 개선하도록 권고했다."면서도 "조종사는 언제나 항공기를 완전하게 통제해야 한다."며 조종사 책임에 무게를 실었다.

아시아나항공은 이와 관련해 "복합적인 요인과 문제점에도 불구하고 '비정상 상황을 통제해야 할 최종 책임은 조종사에게 있다'는 NTSB의 원론적 지적을 겸허하게 수용한다."고 밝혔다.

출처 : 경인일보

IOSA : IATA OPERATIONAL SAFETY AUDIT(IATA 운항안전점검)

IOSA는 IATA(국제항공운송협회)가 주관하는 항공사의 운항관리와 통제시스템을 점검할 평가시스템으로서, 국제적으로 인정받고 수용하는 안전점검 프로그램이다.

IOSA는 2003년 국제적으로 조화롭고 공통된 항공안전 점검기준을 원하는 항공사들의 요구를 충족하기 위해 도입되었다. IOSA가 도입되기 이전에는 항공사들이 타 항공사와 코드쉐어 등 공동업무 제휴를 체결하기 위해서는 반드시 사전에 항공사 간 상호 안전점검을 해야 했다. 빈번하게 자주 점검을 해야 하고, 점검기준도 항공사마다 달라 비용과 인력, 시간의 낭비가 많이 발생하였다. 이런 문제를 개선하기 위해 IATA가 주관이 되어 공통되고 일관성 있는 안전평가점검 프로그램을 도입하게 된 것이 IOSA이다.

따라서 IATA의 모든 항공사는 IOSA 프로그램에 등록되어야 하며, IOSA 등록을 하지 않은 항공사는 IATA회원 자격을 잃게 된다. 2013년 IOSA등록 항공사의 안전사고 발생률은 IOSA에 등록되지 않은 항공사에 비해 2.5배 낮은 것으로 나타났다. IOSA의 점검기준은 ICAO, FAA, EASA 등의 국제적 안전기준들에서 발췌하였고, 안전관리시스템, 운항, 정비, 객실, 운송, 화물, 운항통제, 항공보안 등 총 8개 부문을 대상으로 점검을 한다.

IOSA 점검을 받은 항공사는 점검을 통해 국내·외적으로 안전항공사로의 평판을 갖게 되고, 점검에 소요되는 비용과 인력을 절감하고, 지속적으로 최신의 안전규정을 유지하게 되는 이점을 갖게 된다.

"국내 항공사 IOSA 통과"

우리나라 항공사들은 지난 2005년 대한항공이 IOSA를 처음 획득한 후, 현재 에어부산을 제외한 국적항공사 6개 항공사가 모두 IOSA 인증등록을 마쳤다.

출처 : EBN

SMS : SAFETY MANAGEMENT SYSTEM(안전관리시스템)

SMS는 항공산업에 내재되어 있는 사고위험 요소를 사전에 파악하여 안전을 향상시키기 위한 통합적인 안전관리시스템이다.

SMS는 ICAO가 각국정부와 항공사에 2009년 1월부로 SMS를 수립 의무화할 것을 권고하면서 시작되었다. 우리나라는 ICAO의 권고를 받아들여 2009년「항공법」제49조에 "항공사를 포함한 항공관련 사업자는 항공기사고 등의 예방 및 비행안전의 확보를 위한 항공안전관리시스템을 마련하고, 국토교통부장관의 승인을 받아 운용해야 한다."라는 법령을 제정했다.

항공사들은 SMS에 의거 사고와 준사고 조사 및 분석, 안전점검 및 감독, 위험장애요소 제거 및 위험도를 낮추기 위한 대책수립, 정기 안전간행물, 게시판, 회람 등 전반적인 안전활동을 하고 있다.

SMS 도입으로 과거 안전위반 및 결함 발견 시 처벌지향적인 관행에서 벗어나 처벌 목적이 아닌 안전의 구조적 결함을 발굴하고 사고원인에 대해 다양한 유발요소들을 근거로 분석하는 등의 현대적 안전관리기법으로 잠재적 불안전 요인을 발굴하여 사고를 예방하는 데에 초점을 맞추고 있다.

SMS 프로그램의 기대효과로는 항공사고의 지속적인 감소, 정부규제 당국과 ICAO 요구조건 충족, 사전대책을 강구하는 예방적 안전관리 구축, 위험장애물을 관리하는 체계적 절차 수립, 승객 및 항공업계의 안전인지도 제고, 긍정적 안전문화의 장려로 자발적 안전보고 활성화 등이 있다.

AIR MARSHALL(에어마샬)

에어마샬은 우리말로 바꿔 부르면 항공기내보안요원In-flight Security Officer이라 할 수 있다.

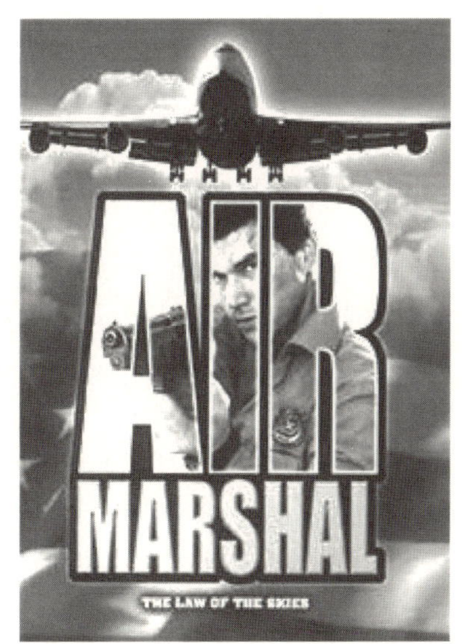

미국에서 최초의 에어마샬 프로그램은 1963년 케네디 대통령이 항공기 보안 임무를 세관보안관이 수행하도록 지시한 데서 시작되었다. 1968년 연방항공청에서 스카이 마샬 프로그램이 가동되면서 연방에어마샬이라는 이름이 정식으로 사용되었다.

1969년 미국 내 항공기납치 범죄가 급증하자, 무장한 연방에어마샬이 민간항공기에 탑승하기 시작했고, 1985년 TWA 국제선 항공기 납치사건을 계기로 국내선에만 타던 에어마샬을 국제선까지 확대 탑승하여 전방위적으로 항공기 납치 예방임무를 수행하였다.

2001년 9·11 항공기 테러사건을 계기로 조지부시 대통령은 당시 33명밖에 없던 에어마샬을 수천 명까지 대폭 충원하여 항공기에 탑승 배치하도록 조치하였다. 당시는 FAA 소속이었던 에어마샬을 TSA로 배속하도록 조직을 개편하여 오늘날에 이르게 되었다. 연방에어마샬은 무기를 소지하고 승객으로 위장 탑승하여 테러 위협으로부터 승객과 승무원을 보호한다. 연방에어마샬 임무의 핵심은 항공기, 공항, 승객, 승무원을 목표로 하는 테러행위를 감지하고 제지하여 괴멸시키는 것에 있다.

미국의 에어마샬 프로그램은 영국, 캐나다, 호주, 중국, 일본, 싱가폴 등 여러 국가가 도입하여 자체적으로 에어마샬제도를 운영하고 있다. 우리나라도 에어마샬과 비슷한 제도를 운영하고 있지만, 다른 국가들과 크게 다른 점은 항공사 객실승무원이 에어마샬의 역할을 하고 있는 것이다.

Tokyo Convention(동경협약)

ICAO는 1963년 9월 일본 도쿄회의에서 '항공기에서 범한 범죄 및 기타 행위에 관한 협약Convention on Offences and Certain Other Acts Committed on Board Aircraft'을 채택하였다. 이는 항공기 내에서의 범죄의 방지를 내용으로 한 최초의 다자국간 협약이었고, 동경협약이라 부르기도 한다. 동경협약은 항공기의 안전, 승객과 승무원의 인명과 재산보호 등 한마디로 국제민간항공의 안전한 운항을 확보 증진한다는 목적을 위해 체결되었다.

이 협약의 큰 의의는 항공기 내 범죄 처벌의 관할권을 규정한 것이다. "항공기의 등록국은 동 항공기 내에서 범해진 범죄나 행위에 대한 재판 관할권을 행사할 권한을 지닌다."라고 규정하고 있다. 다음으로는 기장의 권한을 명시한 것이다. 기장은 행위자에 대한 신체의 구속을 비롯하여 그 밖의 적절한 조치를 취할 수 있도록 규정하였다. 우리나라는 기장이 사법경찰관의 직무를 수행하도록 법에 명시하고 있다.

항공 역사상 최초로 항공기 내 범죄를 규제한 국제법의 효력을 갖고 있는 동경협약을 도입한 이래, 오늘날까지 기내범죄는 날로 급증하고 있다. 2014년

ICAO는 증가하고 있는 기내 난동 범죄에 대한 법적 관할권을 항공기 운항국 State of Operator과 항공기 착륙국State of Landing까지 관할권을 확대하여 현행의 항공기 등록국에 한해 관할권을 인정한 동경협약을 개정한 몬트리올 의정서를 채택했다.

Montreal Convention(몬트리올협약)

ICAO는 1971년 9월 캐나다 몬트리올에서 항공기의 범죄행위를 항공기 납치뿐 아니라 지상에서의 공격 및 항공시설에 대한 공격까지 포함하여 규율 대상을 확대시킨 이른바 몬트리올협약이라 불리는 '민간항공 안전에 대한 불법적 행위 억제를 위한 협약Convention for the Suppression of Unlawful Acts Against the Safety of Civil Aircraft'을 체결하였다.

이 협약은 항공기 내 범죄의 범위와 성격을 규정한 것에 의의가 있다고 볼 수 있다. 협약의 첫 번째 조항은 "민간항공에 대한 범죄자란 비행기의 승객, 승무원에 대해 폭력행위를 하는 자, 운항 중인 항공기를 파괴 · 훼손하는 자, 항공기 운항을 불가능하게 하기 위한 장치나 물건을 설치하는 자, 항공시설을 파괴, 손상시킨 자 등을 범죄자로 규정"하고 있다.

이 협약의 또 다른 의의는 범죄자의 형벌 내용 및 처리는 체약국의 국내법에 따르도록 하였고, 관할권에 대해서는 범죄 발생국, 항공기의 등록국, 항공기 착륙국 등이 경합적으로 행사할 수 있게 한 것이 특징이다.

Aviation Terminology

CHAPTER 06

항공전문용어 약어

객실승무원은 항공기 내에서 객실 분야뿐만 아니라 운항, 운송, 정비, 기내식 등 관련 부서와 연관된 용어를 사용하는 경우가 빈번하다. 객실승무원 간 업무의 원활한 진행을 위한 소통은 물론 관련 부서 직원들과의 의미전달의 효율성을 위해 자주 사용되는 약어들에 대한 지식을 갖고 있어야 한다.
또한 약어에 대한 지식은 비행근무 후에 회사에 보고서를 작성하는 경우에도 적절한 약어를 활용한 문서의 간결함을 통해 보고의 신속성과 정확성을 기하는데 도움이 된다.

Aviation Terminology

1 항공 약어

A/C	Aircraft	항공기
ACAS	Airborne Collision Avoidance System	항공기 충돌방지시스템
ACARS	Aircraft Communication Addressing and Reporting System	운항정보교신시스템
ACK	Acknowledge	예약접수
ACL	Allowable Cabin Load	허용탑재량
ADIZ	Air Defence Identification Zone	방공식별구역
AED	Automated External Defibrillator	자동심실제세동기
AFT	After	이후, 기내 후미
ANN	Announcement	방송
APIS	Advance Passenger Information System	사전승객정보시스템
APO	Airport	공항
APU	Auxiliary Power Unit	보조동력장치
ARR	Arrival	도착
ASAP	As Soon As Possible	가능한 빠르게
ASK	Available Seat Kilometer	유효좌석 킬로미터
ASP	Advance Seating System	사전좌석배정시스템
ASP	Attendant Switch Panel	승무원 조작패널
ATC	Air Traffic Control	공항관제소
ATA	Actual Time of Arrival	실제 도착시간
ATD	Actual Time of Departure	실제 출발시간
AUTH	Authority	권한, 승인

AVIH	Animal in Hold	수하물 탑재 애완동물
AVOD	Audio & Video On Demand	주문형 오디오/비디오 시스템
BKG	Booking Passenger	예약승객
BLND	Blind passenger	시각장애 승객
BRFG	Briefing	브리핑
BSCT	Bassinet	유아용 요람
C/A	Cabin Attendant	객실승무원
CAPT	Captain	기장
CBBG	Cabin Reserved Seat Baggage	좌석예약 휴대수하물
CBN	Cabin	객실
C/BOX	Carrier Box	캐리어박스
CGO	Cargo	화물
CHD	Child	소아승객
CHK	Check	확인
CHTR	Charter	전세
CLS	Class	클래스
C/M	Cargo Manifest	화물적재목록
CMPLT	Complaint	불만
CNCL	Cancel	취소
COMAIL	Company Mail	회사우편물
COMPT	Compartment	기내보관함
CONFIG	Configuration	배치
CPN	Coupon	쿠폰
CRA	Crew Rest Area	승무원휴게실
CRM	Crew Resource Management	승무원 자원관리
CRO	Complaint Resolution Officer	고객불만 담당직원

CRS	Computer Reservation System	전산예약시스템
CTC	Contact	만남, 접촉
CVR	Cockpit Voice Recorder	조종실 음성기록장치
DBC	Denied Boarding Compensation	탑승거절보상제도
DEMO	Demonstration	시범설명
DEPO	Deportee	추방자
DEPT	Departure	출발
DG	Danger Goods	위험물
D/H	Dead Head	편승
DSIP	Door and Slide Indication Panel	도어/슬라이드작동 알림표지판(A380)
DLY	Delay	지연
DOM	Domestic	국내
DUPE	Duplicate(seat)	중복(좌석)
E/D	Embarkation / Disembarkation	탑승 / 하기
ELS	Emergency Light Switch	비상 조명스위치
ELT	Emergency Location Transmitter	비상 위치발신기
EMER	Emergency	비상
EMK	Emergency Medical Kit	비상 응급의료기구
ETA	Estimated Time of Arrival	도착 예상시간
ETD	Estimated Time of Departure	출발 예상시간
ETOPS	Extended Twin engine Operations	쌍발항공기 장거리운항
EY	Economy	일반석
F/A	Flight Attendant	항공승무원
FAK	First Aid Kit	응급의료기구
FAP	Flight Attendant Panel	객실승무원 조작패널
F/D	Flight Deck	조종실

FDR	Flight Data Recorder	비행데이터 기록장치
FFP	Frequent Flyer Program	상용고객 우대제도
FIDS	Flight Information Display System	운항정보안내시스템
FLT	Flight	비행
F/O	Flight Officer	부기장
FOC	Free of Charge	무료
FR	Frist Class	일등석
FRAV	First available	첫 번째 항공편
FWD	Forward	발송
G/D	General Declaration	항공기 입출항보고서
GLY	Galley	기내주방
GOSH	Go show	예약기록 없이 공항에 나타난 승객
GPST	Group seat request	단체좌석 요청
GPU	Ground Power Unit	지상동력장치
GRP	Group	단체
IFE	In-flight Entertainment	기내오락설비
IFSO	In Flight Security Officer	항공기내보안요원
IMM	Immigration	출입국관리소
INAD	Inadmissible passenger	입국거절승객
INF	Infant	유아승객
INFO	Information	정보
INOP	Inoperative	작동불능(고장)
INTL	International	국제
IRR	Irregularity	비정상
ISPS	In-seat Power System	좌석전원공급시스템
I/U	Involuntary Upgrade	비자발적 업그레이드

JNR	Junior	후임
J/SEAT	Jump Seat	승무원 전용좌석
LAV	Lavatory	기내화장실
LCL	Local	현지
L/F	Load Factor	승객탑승률
LIQ	Liquor	주류
L/O	Layover	체류
LRBL	Least Risk Bomb Location	폭발물 피해 최소구역
MAAS	Meet and Assist	의전
MAINT	Maintenance	정비
MCT	Minimum Connection Time	최소연결편 탑승시간
M/D	Main Deck	기내 일층
MEDA	Medical Auth	의사확인
MEL	Minimum Equipment List	최소장비 목록
MGR	Manager	관리자
MSG	Massage	메시지
NIL	Nothing	없음
NOOP	No Operation	부작동
NOSH	No Show	예약부도 승객
NOTAM	Notice to Airman	항공고시보
NOSUB	No Subject to Load	무임 / 할인탑승(예약가능)
NRC	No Record	예약 기록이 없는 승객
OAL	Other Airline	타 항공사
OBD	On Board	탑재, 탑승
OJT	On the Job Training	실무훈련
PA	Passenger Address	기내방송

PAX	Passenger	승객
PBE	Prohibited Breathing Equipment	호흡 보호 장비
PETC	Pet in Cabin	기내 애완동물
PIC	Pilot In Command	책임기장
P/M	Passenger Manifest	탑승객 명단
PO_2	Portable Oxygen Bottle	휴대용 산소통
P/P	Passport	여권
PREG	Pregnancy	임신부
PSU	Passenger Service Unit	승객 편의장치
PTA	Prepaid Ticket Advice	선불항공권제도
PURS	Purser	객실사무장
R/C	Ramp Controller	램프통제요원
RCFM	Reconfirm	재확인
RPA	Restricted Passenger Advice	제한승객통보
RPK	Revenue Passenger kilometer	유상여객킬로미터
RTN	Return	회항
RSVN	Reservation	예약
SACOM	Satellite Communications	위성통신
SMOKG	Smoking	흡연
SNR	Senior	선임
SOP	Standard Operating Procedure	표준운영절차
SPCL	Special	특별한
SPML	Special Meal	특별기내식
SRI	Special Restricted Item	기내탑재제한품목
STA	Scheduled Time of Arrival	스케줄 도착시간
STD	Scheduled Time of Departure	스케줄 출발시간

STCR	Stretcher	환자용 침상
STF	Staff	직원
STN	Station	(공항)지점
S/U	Show Up	출두, 나타남
SUBLO	Subject to Load	무임/할인탑승(예약불가 & 공석)
SVC	Service	서비스
TCAS	Traffic Alert and Collision Avoidance System	공중충돌방지시스템
TM	Team	팀
TIM	Travel Information Manual	항공여행정보매뉴얼
TKT	Ticket	항공권, 표
T/S	Transit	환승
TURB	Turbulence	난기류
TWOV	Transit without visa	무비자통과
U/D	Upper Deck	이층객실
UM	Unaccompanied Minor	비동반소아
UPK	Universal Precaution Kit	의료보호기구
VCC	Video Control Center	비디오조작센터
VIP	Very Important Person	특별고객
VWP	Visa Waver Program	비자면제프로그램
W/B	Weight and Balance	무게균형
WCHC	Wheelchair on cabin	휠체어(객실)
WCHS	Wheelchair on step	휠체어(스텝카)
WCHR	Wheelchair on ramp	휠체어(램프)

2 기내 특별식

최근 항공기 이용 여행객들 중에는 기내식에 대한 특별한 주문이 증가하고 있다. 항공사가 준비하는 기내식은 크게 종교식, 건강식, 기호식, 유/소아식으로 구분할 수 있다. 객실승무원은 기내 특별식에 대한 해박한 전문지식을 갖추고 항공사 자체서비스 규정에 따라 기내 특별식Special Meal 서비스제공 절차를 정확하게 인지하여야 한다.

구 분	해 석	
VLML	Vegetarian Lacto-ovo Meal	서양채식
VGML	Vegetarian Vegan Meal	엄격한 서양채식
VJML	Vegetarian Jain Meal	엄격한 인도채식
VOML	Vegetarian Oriental Meal	동양채식
AVML	Vegetarian Hindu Meal	인도채식
RVML	Row Vegetarian Meal	생야채식
MOML	Moslem Meal	회교도식
HNML	Hindu Meal	힌두교식
KSML	Kosher Meal	유대교식
IFML	Infant Meal	영아식
ICML	Infant Child Meal	유아용 아동식
BBML	Baby Meal	유아식
CHML	Child Meal	아동식
LCML	Low Calorie Meal	저열량식
LFML	Low Fat Meal	저지방식
LPML	Low Protein Meal	저단백질식
HFML	High Fiber Meal	고단백질식
BLML	Bland Meal	연식
DBML	Diabetic Meal	당뇨식

구 분	해 석	
GFML	Gluten Intolerant Meal	글루텐 제한식
LDML	Liquid Diet Meal	유동식
LSML	Low Salt Meal	저염식
NLML	No Lactose Meal	유당제한식
SFML	Seafood Meal	해산물식
FPML	Fruit Platter Meal	과일식
SPMA	Anniversary Cake	기념케이크

3 공항 및 도시 약어

국제항공운송협회IATA에서 공항이나 세계 각국의 주요도시들을 간단하고 편리하게 식별하기 위해 세 글자의 알파벳 코드를 부여, 전세계 항공사들이 공통으로 사용하고 있는 것으로 '도시코드' 또는 '공항코드'라고 하며, 간혹 '3레터코드Three Letter Code'라고도 한다. 서울SEL도 예전에는 도시와 공항코드를 'SEL'로 함께 썼지만, 인천국제공항이 생긴 후 'ICN'과 '김포공항GMP'을 분리해서 쓰고 있고, 'SEL'은 도시코드로만 남게 되었다.

【한국】

ICN 인천 **GMP** 김포

CJU 제주 **PUS** 부산

CJJ 청주 **HIN** 진주

KWJ 광주 **KPO** 포항

KUV 군산 **MWX** 무안

RSU 여수 **TAE** 대구

USN	울산	**YNY**	양양
WJU	원주		

【일본】

AXT	Akita	아키타
AOJ	Aomori	아오모리
CTS	Sapporo	삿포로
FUK	Fukuoka	후쿠오카
KOJ	Kagoshima	가고시마
KMQ	Komatsu	고마쓰
KIJ	Niigata	니가타
KIX	Osaka	오사카
NRT	Tokyo	도쿄
HND	Tokyo	하네다
NGO	Nagoya	나고야
OKJ	Okayama	오카야마
OIT	Oita	오이타

【미주】

LAX	Los Angeles	로스앤젤레스
JFK	New York	뉴욕
SFO	San Francisco	샌프란시스코
WAS	Washington, DC	워싱턴DC
SEA	Seattle	시애틀
HNL	Honolulu	호놀룰루
LAS	Las Vegas	라스베이거스

ORD	Chicago	시카고
DFW	Dallas	댈러스
DTW	Detroit	디트로이트
ATL	Atlanta	아틀랜타
BOS	Boston	보스톤
YVR	Vancouver	벤쿠버
YYZ	Toronto	토론토
GRU	Sao Paulo	상파울루
IAH	Houston	휴스턴

【유럽 / 러시아 / 중앙아시아 / 몽골】

LHR	London	런던(히드로공항)
CDG	Paris	파리(샤를드골공항)
FRA	Frankfurt	프랑크푸르트
MXP	Milan	밀라노
FCO	Rome	로마
MAD	Madrid	마드리드
IST	Istanbul	이스탄불
ZRH	Zurich	취리히
SVO	Moscow	모스크바
AMS	Amsterdam	암스테르담
PRG	Prague	프라하
VIE	Vienna	비엔나
IKT	Irkutsk	이르쿠츠쿠
TAS	Tashkent	타슈켄트
ULN	Ulaanbaatar	울란바트르

VVO	Vladivostok	블라디보스토크

【동남아시아】

BKK	Bangkok	방콕
MNL	Manila	마닐라
CEB	Cebu	세부
CNX	Chiang Mai	치앙마이
DAD	Danang	다낭
SIN	Singapore	싱가포르
PHN	Phnom Penh	프놈펜
REP	Siem Reap	시엠립
CMB	Colombo	콜롬보
HKT	Phuket	푸껫
CGK	Jakarta	자카르타
KUL	Kuala Lumpur	쿠알라룸푸르
DPS	Bali Denpasar	발리덴파사르
SGN	Ho Chi Minh City	호찌민
HAN	Hanoi	하노이
KTM	Kathmandu	카투만두
BOM	Mumbai	뭄바이
CXR	Nha Trang	나트랑
RGN	Yangon	양곤
KHH	Kaohsiung	가오슝
MLE	Maldives Male	몰디브 말레
ROR	Palau	팔라우
TPE	Taipei	타이베이

【중국】

CAN	Guangzhou	광저우
CGO	Zhengzhou	정저우
CSX	Changsha	창사
CTU	Chengdu	청두
DLC	Dalian	다롄
HGH	Hangzhou	항저우
HKG	Hong Kong	홍콩
HFE	Hefei	허페이
KMG	Kunming	쿤밍
MDG	Mudanjiang	무단장
NKG	Nanjing	난징
NNG	Nanning	난닝
PEK	Beijing	북경
PVG	Shanghai	상하이
SHA	Shanghai	홍차오(상하이)
SHE	Shenyang	선양
SZX	Shenzhen	선전
TAO	Qingdao	칭다오
TNA	Jinan	지난
TSN	Tianjin	텐진
TXN	Tunxi	황산
WEH	Weihai	웨이하이
WUH	Wuhan	우한
XMN	Xiamen	샤먼
XIY	Xian	시안

YNJ	Yanji	옌지
YNT	Yantai	옌타이

【중동 / 아프리카】

AUH	Abu Dhabi	아부다비
DXB	Dubai	두바이
JED	Jeddah	제다
RUH	Riyadh	리야드
TLV	Tel Aviv	텔아비브

【대양주】

AKL	Auckland	오클랜드
BNE	Brisbane	브리즈번
CHC	Christchurch	크라이스트처치
GUM	Guam	괌
NAN	Fiji Nadi	피지 난디
PPT	Tahiti	타이티
SYD	Sydney	시드니

4 국내 / 국제 항공사 코드

항공사는 IATA(국제항공운송협회)로부터 두 자로 구성된 약어를 부여받는다. 약어를 선정할 시에는 먼저 항공사의 의견을 받아 결정되지만, 기존의 약어와 중복되는 경우에는 다른 약어를 사용토록 하고 있다.

AA	American Airlines	아메리칸항공
AC	Air Canada	에어 캐나다
AF	Air France	에어프랑스
AI	Air India	인도항공
AM	Aero Mexico	아에로멕시코
AS	Alaska Airline	알래스카항공
AY	Finnair	핀에어
AZ	Alitalia Airlines	알리탈리아항공
BA	British Airways	영국항공
BX	Air Busan	에어부산
CA	Air China	중국항공
CI	China Airlines	중화항공
CJ	China Northern Airlines	중국북방항공
CX	Cathay Pacific Airways	캐세이퍼시픽항공
CZ	China Southern Airlines	중국남방항공
DL	Delta Air Lines	델타항공
EK	Emirates	에미레이트항공
EY	Etihad Airways	에티하드항공
FM	Shanghai Airlines	상해항공
FV	Rossiya Russian Airlines	러시아항공
GA	Garuda Indonesia	가루다인도네시아항공
HA	Hawaiian Airline	하와이안항공
HU	Hainan Airlines	하이난항공
HY	Uzbekistan Airways	우즈베키스탄항공

IB	IBERIA	이베리아항공
JL	Japan Airlines	일본항공
KE	Korean Air	대한항공
KL	KLM Royal Dutch Airlines	케이엘엠 네덜란드항공
KQ	Kenya Airways	케냐항공
LA	LAN Airlines	란항공
LH	Lufthansa German Airlines	루프트한자항공
LJ	Jin Air	진에어
MF	Xiamen Airlines	샤먼항공
MH	Malaysia Airlines	말레이시아항공
MU	China Eastern Airlines	중국동방항공
NH	All Nippon Airways	전일본항공
OK	Czech Airlines	체코항공
OM	MIAT Mongolian Airlines	몽골항공
OZ	Asiana Airlines	아시아나항공
PR	Philippine Airlines	필리핀항공
QR	Qantas Airlines	콴타스항공
SB	Air Calin	에어칼린
SN	Brussels Airlines	브루셀항공
SQ	Singapore Airlines	싱가포르항공
SU	Aeroflot	아에로플로트항공
SV	Saudi Airlines	사우디항공
TG	Thai Airways International	타이항공
TN	Air Tahiti Nui	타히티누이항공
TW	T'way Air	티웨이항공
UA	United Airlines	유나이티드항공

SV	Saudi Arabian Airlines	사우디아라비아항공
VN	Vietnam Airlines	베트남항공
WS	Westjet	웨스트젯항공
ZE	Easter Jet	이스타항공
7C	Jeju Air	제주항공
5J	Cebu Pacific Air	세부퍼시픽항공

5 ICAO 음성문자Phonetic Alphabet

포네틱 코드는 ICAO가 지정한 표준 알파벳 발음 규칙이다. 음성 기호로 읽는 이유는, 문자나 숫자를 그대로 읽으면 무선교신 중의 잡음이나 주변의 폭음 등으로 인한 시끄러운 상황에서 제대로 못 알아들을 위험이 있기 때문이다. 항공사에서는 먼 거리에 떨어져 있는 항공사 직원 간에 대화를 위해 주로 사용되는 통신장비인 무전기, 워키토키를 사용할 때 오류를 예방하고 정확한 승객의 이름, 좌석번호 등의 정보를 주고받기 위해 ICAO에서 제정한 표준 음성문자Phonetic Alphabet를 사용한다. 객실승무원도 필요시 포네틱 코드를 기내에서 활용하거나 운송직원과 업무 협조 시에 사용되고 있다.

알파벳	음성문자	알파벳	음성문자
A	Alpha	N	November
B	Bravo	O	Oscar
C	Charley	P	Papa
D	Delta	Q	Quebec
E	Echo	R	Romeo
F	Foxtrot	S	Sierra
G	Golf	T	Tango
H	Hotel	U	Uniform
I	India	V	Victor
J	Juliet	W	Whisky
K	Kilo	X	X-ray
L	Lima	Y	Yankee
M	Mike	Z	Zulu

6 세계 항공관련 기구 및 제도

항공사 운영은 법과 규정, 규제의 틀 속에서 이뤄진다. 특히 항공산업은 다국적 간 운송을 목적으로 하기 때문에 국내법은 물론 국제법의 구속을 받기도 한다. 우리나라 항공사들은 국제적 규정과 절차를 기반으로 수립된 국내 「항공법」과 시행규칙 등을 따르도록 규정하고 있다. 객실승무원이 기내에서 준수해야 할 규정과 절차 역시 이러한 국제적 환경에서 비롯되었음을 인식하고 필요한 항공 전문지식을 습득해야 한다.

ICAO	International Civil Aviation Organization	국제민간항공기구
IATA	International Aviation Transportation Association	국제항공운송협회
EASA	European Aviation Safety Agency	유럽항공안전청
CASA	Civil Aviation Safety Authority	민간항공안전당국
FAA	Federal Aviation Administration	미국연방항공청
TSA	Transportation Security Administration	미국교통보안청
NTSB	National Transportation Safety Board	미국국가교통안전위원회
CBP	Customs and Board Protection	미국세관국경보호국
USOP	Universal Safety Oversight Audit Program	ICAO 안전점검프로그램
IOSA	IATA Operational Safety Audit	IATA 운항안전점검
SMS	Safety Management System	안전관리시스템

REFERENCES

【국내자료】

국토해양부, 『항공정책론』, 백산출판사, 2011.

대한항공, 국제여객운송약관, 2014.

서정만 · 이희라 『항공운송서비스개론』, 한올출판사, 2016.

이병선, 『항공기구조 및 비행안전』, 백산출판사, 2015.

이수경, 『항공객실서비스업무론』, 지식인, 2015.

이현동, 『여행항공실무』, 한올출판사, 2016.

장순자, 『최신항공업무의 이해』, 백산출판사, 2015.

진성현, 『비행스케치』, 광창문화사, 2015.

항공법, 국토교통부, 2015.

항공법고시 운항기술기준, 국토교통부, 2016.

항공보안법, 국토교통부, 2016.

허국강 · 이태규, 『항공여객운송서비스』, 백산출판사, 2015.

【해외자료】

"*EASA certifies A350 XWB for up to 370 minute ETOPS*". www.airbus.com 16 Oct 2014.

14 CFR Part 382 '*Nondiscrimination on the Basis of Disability in Air Travel*', U.S. Department of Transportation, Jul 2003.

Boeing 747-8 Intercontinental Receives FAA Approval for 330-Minute ETOPS, March 18, 2015.

Brittany Malooly '*How much are Airlines making from Ancillary Revenue?*'

Peter Greenberg.com 2014.

Capt. Bertrand de Courville '*Go-Around Decision and Maneuver : How to Make it Safer*' Air France. 2010.

Captain Ed Pooley '*Go-Around Accident and Incident Report Review*' 2013.

David Grossman 'A *la carte : The future of airline pricing*' USATODAY 2005.

George C. Larson '*How Things Work : Winglets*' Air & Space Magazine September 2001.

Joe Sharkey '*Forget the Airline's Name; It's All About Alliances*' Global Business 2011.

Mark Huber '*How Things Work : Evacuation Slides*' Air & Space Magazine November 2007.

Mark Lacagnina '*An oxygen cylinder burst and tore a hole through the fuselage of a 747*'.

Mark Smyth, Brian Pearce '*Airline Cost Performance*' IATA 2006.

Michael Belfiore '*The Truth about Airplane Turbulence*' Popularmechanics Aug 7, 2009.

Pablo Mendes de Leon '*Cabotage in Air Transportation Regulation*' Leiden University 1992.

Rayner, Gordon; Collins, Nick "M*H370 : Britain finds itself at centre of blame game over crucial delays*". The Telegraph (UK). 28 March 2014.

'Beyond the Black Box' IEEE Spectrum. 2010-07-30. Retrieved 2014-04-28.

"*Air Navigation Commission*" ICAO. August 2013.

【웹사이트】

www.1001crash.com

www.airbus.com

www.airbus.com/presscentre

www.airlineratings.com

www.airshowinc.com

www.airtravelinfo.kr

www.boeing.com

www.faa.gov

www.flyasiana.com

www.iata.org

www.icao.int

www.koreanair.co.kr

www.ntsb.gov

www.transportation.gov